Lebenskrisen · Lebenschancen
– eine Buchreihe,
in der Menschen aus eigenem Erleben
oder aus Anteilnahme am Schicksal eines anderen
versuchen, Ereignisse und Empfindungen
zu reflektieren und aufzuzeichnen,
die zu einem Wendepunkt im Leben führten.
Ob die Ursache der Krise
psychische oder körperliche Erkrankung,
das Scheitern einer Partnerschaft,
die Geburt eines behinderten Kindes
oder der Tod eines nahestehenden Menschen war –
sie wurde zum Anlaß, das Leben zu überdenken.

Über dieses Buch Mütter und Väter mit ähnlichem Schicksal werden sich wiedererkennen, wenn Necha Zupnik ihren Schmerz schildert, der beim Anblick eines nichtbehinderten Kindes immer wieder in ihr aufbrach, weil er sie an die Andersartigkeit von Janina erinnerte. Sie brauchte Jahre, um sich aus der Versteinerung zu lösen, die die Erkenntnis der geistig-sprachlichen Behinderung und der autistischen Züge ihrer Tochter bewirkt hatte.
Die Autorin erlebt das Anderssein des Kindes als doppeltes Stigma: jüdisch und behindert. Für sie als Jüdin ist die Verbindung zwischen der Austilgung »lebensunwerten Lebens« und der Vernichtung der Juden in der Zeit des Nationalsozialismus besonders gegenwärtig und macht sie wachsam gegenüber jeder Form von Ausgrenzung.
Offen berichtet Necha Zupnik von ihren Erlebnissen und Erfahrungen mit Fachleuten und Familienangehörigen. Sie spricht von ihren eigenen Gefühlen, von der Verletzung, die sie durch die Behinderung ihres Kindes empfindet, von ihrer Trauer. Ihre wachsende Sensibilität gegenüber den kleinen Fortschritten, ihre Freude, wenn es gelingt, innere Nähe zu Janina herzustellen, gemeinsam mit ihr zu lachen, geben ihr jedoch auch Mut zu neuen Lebensschritten.

Die Autorin Necha Zupnik, geb. 1951, ist Lehrerin. Sie veröffentlichte Gedichte aus der Shoah sowie journalistische Beiträge zur jüdischen Gegenwart.

Necha Zupnik

Janina ist nicht wie die anderen

Ein Kind mit Handikaps

Fischer
Taschenbuch
Verlag

Lebenskrisen · Lebenschancen
Lektorat: Anke Rasch

Originalausgabe
Veröffentlicht im Fischer Taschenbuch Verlag GmbH,
Frankfurt am Main, November 1992

Umschlaggestaltung: Buchholz/Hinsch/Hensinger
Gesamtherstellung: Clausen & Bosse, Leck
Printed in Germany
ISBN 3-596-11325-3

Gedruckt auf chlor- und säurefreiem Papier

Für meine Tochter
und ihren Vater

Inhalt

Teil 1

Teil 2

Teil 1

Porträt einer Maske

Im Rampenlicht steht ein Clown mit geschminktem Gesicht. Er schmunzelt, kichert und zwinkert allen zu. Er biegt sich vor Lachen und hält sich den Bauch.
Hast du schon einmal probiert, hinter die Maske eines Clowns zu blicken?
Ist die weiße und rote Tünche erst einmal ab, kannst du dem, was deine Augen erblicken, nicht mehr entkommen. Ist das Gesicht des Clowns ganz nackt und grau, so hört er auf zu lachen und zu zwinkern. Als Spaßmacher vertuscht er Verlegenheit durch Albernheit und aufgepudertes Rouge. Im Alltag jedoch tarnt er sich auf übliche Weise und achtet darauf, nicht hektisch und tollpatschig zu wirken. Da du ihn aber einen kurzen Moment ohne Schminke gesehen hast, ahnst du den Abgrund, vor dem er steht – und das erschreckt dich. Ohne Kostümierung drohen seine tieferliegenden Hautfurchen auseinanderzubröckeln.
Der Clown ist die Erfindung eines einsamen Schauspielers. Aufgrund des Schocks über solch ein düsteres Gesicht hast du die Augenbrauen hochgezogen. Augen und Ohren weit aufgerissen, die Beklommenheit ist dir in den Hals gekrochen, und dann willst du einfach davonlaufen. Aber die traurige Last läßt sich nicht so leicht abschütteln. Auch wenn du das Weite suchst, verfolgt dich die Angst.
Willst du sie dennoch ernsthaft loswerden, so mußt du dich mit Liebe dem Clown erneut dann nähern, wenn er sich für einen weiteren Auftritt neu geschminkt hat. Willst du wirklich nach der Wahrheit suchen, mußt du dich auf das Unerwartete einlassen, denn es ist schwer, sie zu finden, wenn sie verschleiert ist. Lege dich zusammen mit dem Spaßmacher in eine große

schwarze Hängematte. Frage ihn behutsam nach dem, was du gesehen hast, und so lange, bis seine aufkommenden Tränen einen Weg gefunden haben, um abzufließen. Hat sich seine Maske durch den unordentlichen, sprudelnden Tränenfluß erweicht und langsam aufgelöst, so erlebst du einen befreiten, manchmal zu Späßen aufgelegten Menschen – aber keinen Clown.
Und nun lausche den Worten, die der ehemalige Spaßvogel dir zu sagen hat.

Ich wollt', ich wär' ein Clown, versteckt hinter einer undurchschaubaren Maske!

»Ein Schicksal mag äußerlich abgetan sein, es bleibt immer noch Gegenwart, solange wir es nicht völlig verstanden haben. Erst wenn es geheimnislos für uns wurde, haben wir das Recht, es Vergangenheit zu nennen.« *(Arthur Schnitzler)*

Mein Vater nannte mich Necha in Erinnerung an seine Mutter. Jüdische Eltern geben ihren Kindern die Namen ihrer verstorbenen Verwandten. Meine Großmutter väterlicherseits ist in Polen umgekommen, meine Großmutter mütterlicherseits in Rußland. Meiner älteren Schwester wurde der Name der Mutter unserer Mutter gegeben – Rebecca, meiner jüngeren Schwester der Vorname der jüngsten Schwester meines Vaters – Deborah.
Necha »deutschte« mein Vater ein, daraus wurde Nela. Jedoch der Versuch, mit meinem Namen wie ein Taucher unterzutauchen, mißlang. Nela – woher kommt das? Eine Frage, die mir oft gestellt wird. Rebecca und Deborah sind dunkelhaarig, bei ihnen schienen Fragen nicht mehr notwendig zu sein. Es gab vor Jahren eine Zeit, da dachte ich, wärest du noch stupsnäsig, dann wärst du richtig schön unauffällig, blond und deutsch.
Wir fuhren als Jugendliche nach Israel, dort hörten wir eine israelische Frau im Bus in Tel-Aviv zu unserer Mutter sagen, wir hätten einen jüdischen Blick. Seitdem schaute ich oft in den Spiegel, um den vermeintlichen Blick aufzufangen, damit ich ihn dann schnell mit einer Sonnenbrille tarnen kann. Ich fing an, in Familienfotos zu wühlen, und beim Anblick meines Vaters, seiner Cousine sowie seines Vaters, fand ich den

Blick wieder. Er verfolgte mich, ich erkannte ihn beim Anblick eines Fotos von Kafka, welches bei meiner Freundin Rifka auf dem Fensterbrett steht. Er begleitete mich, als ich ein Jugendbild von Chagall – gemalt von Loulou Albert Lasard – bei einem Kunstlehrer aufstöberte. Und er drang mir erneut ins Innerste und ließ mich nicht mehr los, als ich ein Bild, gemalt von Johanna Ofori Attah, sah: der Blick eines alten Mannes bei der Ankunft in Auschwitz.

Als Jugendliche war mein Traumberuf Clown, eine Namensänderung war mein Ziel. Natascha fand ich eindrucksvoll, Kern durch die Erzählungen meines Vaters aufregend. Kern war der Familienname seiner Mutter und repräsentierte die rothaarige Seite der Familie, die impulsiv und radikal war. Rosenzweig, mein Mädchenname, schien mir so verhängnisvoll besetzt zu sein wie Sternberg, Weismann usw. Dieser Gedanke wurde zu einem Alptraum, als am 7. Oktober 1985 die »Achille Lauro«, ein italienisches Kreuzfahrtschiff, zwischen Alexandria und Port Said von vier PLO-Leuten gekidnappt wurde und ein wehrloser älterer Mann im Rollstuhl, amerikanischer Staatsbürger, durch seinen Namen Leon Klinghofer als Jude gekennzeichnet, erschossen und mit seinem Rollstuhl ins Meer gestoßen wurde. Mein Vater heißt Leon. Ein ängstliches Gefühl schwirrte in meinem Kopf herum.

Damals, 1982, bei der Geburt meiner Tochter schien mir ihr Vorname Janina glücklich und symbolhaft ausgewählt. Janina, eine Erinnerung an Janina David, ein Mädchen aus dem Warschauer Ghetto. Janina, ein Name, der sie nicht gleich als Jüdin stigmatisierte; das könnte gut durchgehen, sie würde nicht unnötig auffallen, dachte ich. Bei der feierlichen Namensgebung in der Synagoge erhielt sie einen zweiten Namen: Deborah – im Gedenken an die Schwester meines Vaters, die, von den deutschen Nazis in einen Abgastötungswagen gepfercht, ermordet worden ist. Deborah, hebräisch die Sprechende. Doch von der ersten Lebensstunde an sprach ich mein Kind mit Janina an.

Ich wollt', ich wär' ein Clown, maskiert mit einer undurchschaubaren, nebelsprühenden Schutzmaske. Wenn ich weine, würden die Leute denken, ich lache. Dann wäre der Übergang nicht derartig schrill.
Denn 1985 stellte Janina uns auf ein Tablett und präsentierte uns den Blicken der Welt: Sie ist auf den zweiten Blick anders. Obwohl blond, blauäugig, hübsch und niedlich anzusehen, sorgt sie durch ihre clowneske Gestik und ihre Lautäußerungen dafür, daß wir nicht mehr untertauchen können. Das Schicksal läßt sich nicht programmieren wie ein Computer. Ein doppeltes Stigma meiner Tochter – jüdisch und von Behinderung bedroht – hat mich eingeholt, zurückgeholt. Es ist vorbei mit der Normalität.

Du ahnst nichts von dem Bündel, das nicht auf deinem Rücken drückt

Im Herbst 1988 sitzen einige Seminarteilnehmer aus Frankfurt und Umgebung am Tisch, als jemand den Mitstudenten Anatol erstaunt fragt: »Du hast einen Sohn?«, worauf dieser verkündet: »Das ist ungefähr das Beste, was ich bisher in meinem Leben produziert habe.« Sofort schießt mir durch den Kopf, was mir eine Risikoberatungsärztin zu meiner damals zweijährigen Tochter sagte: »Sie ist ein mißlungenes Menü.«
»Ein mißlungenes Menü gehört in Deutschland auf den Müll, und bei einem Sonderangebot gilt das Recht auf Umtausch nicht«, meinte ein mit uns befreundeter Arzt darauf zynisch.
Alon und ich hatten uns auf unser Wunschkind gefreut. Es entwickelte sich zunächst wie ein ganz zufriedenes Baby. Als Janina drei Monate alt war, gab es ein Großfamilientreffen in Österreich. Meine Schwester bemerkte verwundert, daß unsere Tochter den Kopf noch nicht halten konnte. Beim Stillen fiel mir dann auf, daß es kaum Blickkontakt gab. Durch den Vergleich im Freundeskreis mit einem sechs Wochen älteren Kind ahnte ich, daß mein Baby sich nicht schnell genug entwickelte. Da begann die Zeit, in der ich allein für mich zweifelte, ob mein Kind in Ordnung sei, in der ich jedoch stets von Fachleuten und anderen vertröstet wurde, Janina sei eben spät dran in ihrer Entwicklung. Damals wußte ich noch nicht, daß bald das Bobath-Gymnastiktraining als Odyssee bis zu Janinas zweitem Lebensjahr andauern würde.
Dem Kind fehlt die Motivation durch die Mutter, sagte eine Krankengymnastin, als Janina mit eindreiviertel Jahren noch nicht laufen konnte. Nur ein Stups, und es würde sich entwickeln. Mit zwei Jahren

befreiten uns ihre ersten Laufschritte von dem Mutter-Kind-Muß-Turnen unter Anleitung. Als Janina zweieinviertel Jahre alt war und meine Mutter mal wieder von mir zu einem Besuch gebeten wurde, ein Hilferuf, den sie nicht erkannte, rief sie unbedacht plötzlich aus: »Janina, ich habe dich sehr gern, aber irgendwie bist du anders als deine Cousinen.«
Ich hätte mich gerne an meine Mutter geklammert, doch ich wagte nicht, ihr von meinem beklemmenden Gefühl zu erzählen. Seitdem verstärkte sich meine versteckte Unsicherheit immer mehr.
Ich fühlte, daß etwas nicht stimmte, war aber nicht in der Lage, es auszusprechen. Ich hatte im siebten Schwangerschaftsmonat einen doppelten Leistenbruch gehabt. Oft überlegte ich, daß ein Zusammenhang bestehen könnte zwischen der Operation, bei der ich 50 Minuten in Narkose war, und Janinas körperlicher Entwicklung. Außerdem war zuvor im sechsten Monat, wegen eines Beckenthromboseverdachts, mein linkes Bein geröntgt worden. Im letzten Drittel der Schwangerschaft hatte ich dadurch weniger Ruhe, in freudiger Erwartung mein und meines Kindes Wachstum zu genießen.
Als Janina geboren wurde, schaute ich überängstlich nach, ob alles mit ihr in Ordnung sei. Mein Gefühl zu versagen vergrößerte sich dann ab ihrem vierten Lebensmonat durch die vielen Therapietermine. Ich befand mich lange in einem Zustand, in dem ich die Verantwortung für Janinas Entwicklung an Fachleute abgeben mußte und wollte, die ihre »Mängel« beheben sollten. Schuldgefühle, Trauer, Angst, zornige Verzweiflung – alles durcheinandergemixt, hatten sich bei mir eingestellt. Sie verstärkten das »Muß« für Mutter und Kind, boten kaum Raum für den Genuß.
Wir hatten uns so auf die motorische Entwicklung konzentriert, daß uns entgangen war, daß Janina nicht sprach. Durch das Hin- und Hergeziehe zwi-

schen Mutter und Kind hatte sich triste Stimmung eingenistet.

Unsere rissige Nähe wurde von außen bedrängt: Wenn einige Mütter weniger laut gedacht hätten, wäre mir wohler gewesen. Eine Szene auf dem Spielplatz war ein Schock: Ich stand wie eine Stalagmitensäule, umringt von Müttern, die mich mit ihren großartigen Kindergeschichten zum fliegenden-fliehenden Teppich werden ließen. Unsere Wirklichkeit konnten wir nicht verändern, so wechselten wir rastlos die Spielplätze, um die Angst vor mir, vor uns und vor anderen zu verbergen. Aus Löchern, Nischen, Falten kamen Augen hervor und glotzten. Mitleidige, fragende Blicke wehrte ich durch saloppe Sprüche ab. Abgrenzende, spontane Worte, wie die einer fremden Kinderfrau zu einem gleichaltrigen, zweijährigen Kind: »Krabble nicht wieder wie Janina und lutsche nicht am Daumen!«, ließen mich anfangs in eine ohnmächtige Sprachlosigkeit fallen.

Janina spürte die häusliche Aufregung und reagierte mit unvermitteltem Schreien oder heftigem Kratzen. Mein Mann erlebte die Szenen nicht so intensiv, weil er beruflich stark eingespannt war. So ging er mit Janina, wenn er sie sah, gelassener um. Unser Familienleben war zu dritt wenig entspannt. Wir konnten selten in Ruhe am Tisch essen. Janina warf Dinge um und verweigerte das Kauen. Meine Schwiegermutter meinte, ich solle ihr das Kind überlassen, sie würde es schon hinkriegen. Nach einer Reise mit der Enkeltochter war die Oma nicht mehr so sicher und urlaubsreif. Meine Eltern und mein Mann meinten, eine Fachkraft für zu Hause müsse her. Es hatte Fortschritte und Rückschritte gegeben. Erst viel später, beim Lesen von Fachliteratur, erfuhr ich, daß das »Nicht-Kauen-Wollen-Können« ein typisches Symptom bei Kindern ist, deren »Sprachanbahnung« nicht altersgemäß funktioniert. Erst mit fünfeinhalb Jahren war sie bereit, sich von der Breinahrung zu verabschieden. Bis heute ist das Essen der sensible Bereich, der am ehesten Schwankungen unterliegt. Manchmal ist ihr die Beschaffenheit der Nahrung unangenehm, dann spuckt sie sie aus. Manchmal ist sie angespannt – möchte und möchte nicht –, dann kippt sie geschwind den Teller oder das Glas um. Ist die Spannung besonders groß, dann fängt sie an, schrill zu schreien. Ein gemeinsames Eßvergnügen entsteht daraus nicht. Essen außer Haus mit mehreren Erwachsenen und Kindern ist noch heute anstrengend, und es ist eher ein freudiger Zufall, wenn alles klappt.

Völlig verzweifelt war ich, als Janina sich im Alter von sechs Jahren einige Tage lang weigerte, zu essen oder zu trinken. Dieser Protest hatte schleichend begonnen: während der ersten Reise ohne Mutter und Vater mit den Großeltern, hatte sich im Kindergarten fortgesetzt und übertrug sich auch auf zu Hause. Erst aß sie weder bei Mutter noch bei Vater, sondern nur bei der Kinderfrau, und dann war auch damit Schluß. Panik brach aus, bis wir ein längeres Gespräch mit einer Ärztin hatten, die plötzlich unvermittelt aussprach: »Das ist Janinas Schrei nach Liebe... geliebt zu werden, so wie sie ist.«

Lieben wir sie nicht, fragte ich mich. Doch ich war sicher, daß meine Liebe stark genug gewachsen war. Ich packte Koffer, nahm sie und setzte sie ins Auto, um mit ihr allein zu verreisen. Sie spürte unsere Einigkeit, und als ich ihr voller Hoffnung einen Keks anbot, nahm sie ihn in die Hand und aß. Als völlig verunsicherte Mutter war ich erleichtert, intuitiv das »Richtige« getan zu haben. Die Zeit, in der ich alle Therapeutinnen als die besseren Mütter für jeweils eine dreiviertel Stunde erlebte, ging wohl allmählich zu Ende.

»Eltern behinderter Kinder leiden stärker als andere Menschen unter der Kluft zwischen Privatleben und öffentlichem Leben. Sie müssen über ihre Erzie-

hungsmethoden anderen Fachkräften Rechenschaft ablegen und erhalten Ratschläge, wie sie es besser machen könnten. Das ist eine Situation, die das Selbstwertgefühl verunsichern und zur Folge haben kann, daß eine Maske aufgesetzt wird, um sich zu schützen. Diese Methode der fachlichen Unterstützung ist die übliche und lenkt den Blick stärker auf das Verändern- und Fördern-Wollen als auf das Akzeptieren. Ist es ein gesellschaftliches Problem, daß Menschen, die anders sind, immer ›richtig‹ gemacht werden sollen? Der Wunsch von Janinas Mutter, ihre Tochter möge aus ihrer ›Verzauberung‹ erwachen, steckt in vielen Zeilen. Janinas Eltern sind zeitweilig in einen Strudel geraten, von einer fachlich kompetenten Person zur nächsten zu rasen zwecks Diagnostizierung und Heilung.« Den Worten von Mascha, Janinas Beschäftigungstherapeutin, kann ich nur zustimmen.
Die verschiedensten Behinderungsetiketten haben wir im Lauf der Jahre bei unzähligen Konsultationen überstehen, verkraften, verarbeiten müssen. Es ist uns nicht schadlos gelungen. Die Ärzte konnten für den Alltag keine Hilfen geben, im Gegenteil: Die unzähligen Fehldiagnosen verstärkten das Unheil. Geblieben ist das Gespenst der geistigen Behinderung.
Folgende Diagnosen wurden gestellt:
– 1982, Janina ist sechs Wochen alt, ein Klumpfuß wird diagnostiziert. – Sie hat aber grazile Füße, einen davon mit Sichelstellung.
– Sie ist neun Monate alt, als der Verdacht geäußert wird, sie habe einen Herzfehler. – Röntgenaufnahmen zeigen, daß dies nicht der Fall ist. Zum gleichen Zeitpunkt vermutet man spastische Lähmung. – Aber nur bei Streß tritt manchmal körperliche Verspannung auf.
– Ein Spezialist schaut auf ihren Handrücken und meint, sie sei ein Gnom. – Mitnichten! Meine Welt bestand allerdings von dem Moment an nur noch aus Zwergen.

– Minimale cerebrale Bewegungsstörung (MCD) – äußerte eine Therapeutin telephonisch.
– Seelisch gestört, daher selektiver Mutismus.
– Wahrnehmungsgestört, daher Autismus.
– Hörbehindert.
– Glasknochenkrankheit.
– Down-Syndrom – obwohl genetisch alles in Ordnung ist.

Dann, als Janina vier Jahre alt war, der erste Verdacht eines Kinderpsychiaters in Mainz, sie sei schwer lernbehindert und leicht geistig behindert, mit der Prognose, daß sie nie sprechen werde. Dabei stellte er den Vergleich mit einem Hund auf, der auch nur bedingt versteht, und bat uns, darauf zu achten, daß Janina nicht jeden antatsche.

Das war der Augenblick, als sich meine Lebensängste verdoppelten und ich beschloß, die Verantwortung für Janinas Schicksal nicht länger alleine zu tragen. Und auch der Moment, als Alon einen Zusammenbruch hatte. Er sah zum erstenmal verzweifelt aus und ließ es zu. Ich wußte nicht, wo seine Augen vorher hingeschaut hatten, jetzt konnten wir kaum miteinander sprechen. Jeder weinte für sich.

Vier Jahre spürte ich die Last des Andersseins von Janina innerlich allein, um meine Beobachtung und Unruhe dann jeweils abgeschwächt und gefiltert an ihren Vater weiterzugeben.

Jener Psychiater fügte noch hinzu, daß Alon ihn jetzt bloß nicht fragen solle, wann sein Kind Abitur machen würde. Er wäre jedoch bereit, unsere Tochter für einen Monat allein in seine Klinik aufzunehmen, um die Diagnose zu überprüfen; aber geirrt habe er sich in seinem Berufsleben erst einmal.

Auf ihn wirkte ich im Gegensatz zu Alon gefaßt, weil ich mit der ganzen Selbstbeherrschung, die ich aufbringen konnte, die Entwicklungsdaten und Auffälligkeiten aufgezählt hatte. Aufgrund der beunruhigenden Symptome war aus mir eine Beobachterin

geworden. Meine Beklemmung wurde erst dann uferlos, wenn Janina schlief oder kein Fremder da war.
Mit dem herben Trauma dieser Urteilsverkündung des allmächtigen Kinderpsychiaters fuhren wir verstört und ratlos nach Hause. Die ohnmächtige Angst vor einem nicht normalsinnigen, auffälligen Kind brachte depressive Stimmung und Ruhelosigkeit ins Haus, hilflose Distanz und klammernde Nähe zwischen Mutter und Kind, fortschreitende Entfremdung zwischen Vater und Mutter.
Beim Anblick eines weißen Kittels und bei dem Geräusch von Holzpantinen auf dem Fußboden zuckt Janina heute noch zusammen. Beim Erspüren, daß sie beobachtet, in Frage gestellt wird, zittert sie am ganzen Leib oder verweigert sich.
Allein die Kinderpsychotherapie, auf die uns meine Freundin Ingrid hinwies, als Janina zweieinviertel war, und die drei Jahre dauern sollte, brachte erste Lichtschimmer in dieses Dunkel. Die nondirektive Spieltherapie durchbrach langsam aber stetig das ewige MUSS in Janinas Leben: Zwar mußte sie zu festgesetzten Terminen erscheinen, doch hatte sie dort die Möglichkeit, sich zwanglos zu entfalten.
Bis über Janinas zweites Lebensjahr hinaus hatte ich ihre Entwicklungsschritte schriftlich festgehalten. Erst die Videoaufnahmen, die die Spieltherapeutin von Janina und teilweise von uns als Eltern machte, lockerten meinen eigenen Drang, mein Kind ständig zu beobachten.
Natürlich war ich mir bewußt, daß ich im Gegensatz zu anderen Müttern in einer vergleichbaren Situation den Vorteil hatte, zur Unterstützung eine Kinderfrau »einsetzen« zu können. Nur war das für mich nie ein Ersatz für den mangelnden emotional-familiären Rückhalt. Den seelischen Kummer und die wirkliche Verantwortung konnte ich mit niemandem teilen. Der sich ständig aufdrängende Vergleich mit gesunden Kindern im Freundeskreis und auf dem Spielplatz war

eine derartige Belastung, daß ich unter diesem Druck anfing, Verabredungen abzusagen, von Spielplätzen flüchtete, wenn mir eine Mutter vermeintlich zu nahe kam. Manchmal drängte ich Alon, Janina zu begleiten. Dann empfand er ähnlich wie ich, sprach aber nur kurz und ungern darüber.

Meinen Lehrerberuf übte ich nach dem Mutterschaftsurlaub noch mit halber Stelle aus, bis ich mich nach drei Jahren entschloß, die Beurlaubung einzureichen. Ich freute mich darauf, gleich als erstes mit der dreijährigen Janina nach Israel in einen Kibbuz fahren zu können. Dort hatten wir unsere glücklichste Zeit, gemeinsame Augenblicke. Beide wurden wir herzlich umsorgt. Danach kam Janina in den jüdischen Kindergarten, und Therapien durchzogen weiter unser Leben. So wie andere Kinder zum Ballett- oder Schwimmunterricht gehen, ging Janina zur Spiel-, Musik- oder Beschäftigungstherapie oder zur Logopädie. Zu Hause fallen die Blicke der Besucher sogleich auf eine Therapieschaukel, einen Bobath-Ball, ein Mini-Trampolin, eine Hängematte sowie spezielle Spiele zur Förderung der Feinmotorik, der Grobmotorik und des sensorischen Gleichgewichts. Diese aufregenden »Spielsachen« gefallen besonders anderen Kindern gut.

Kein Urlaub in diesen ersten Jahren war ein wirklicher Urlaub, oft begleitete uns ein Therapieprogramm. Auch in Israel setzten wir die senso-integrative Therapie in spielerischer Form fort. Diese Muß-Trainings-Urlaube haben wir im Sommer 1988, als Janina sechs Jahre alt war, beendet. Endlich sollte mehr Genuß in unser Leben kommen.

Heute bin ich bewußt »halb« alleinerziehende Mutter, kann allerdings auf meinen Mann zurückgreifen, wenn Probleme auftauchen. Nach sechzehn Jahren Beziehung und nachdem ich fünf Jahre vergeblich dafür gekämpft hatte, daß wir die Elternschaft gemein-

sam ausüben, entschloß ich mich, das disharmonisch gewordene Familienband aufzulösen. Ich konnte meinen Mann nicht mehr erreichen, obwohl ich es wollte. Wir traten auf der Stelle, wurden nicht mehr warm. Es gab keine Arme mehr, in die wir uns bei Kummer werfen konnten.
Als das Anderssein Janinas für uns nach über 4 Jahren zur Tatsache wurde, begann eine Zeit extremer seelischer Belastung. Als Mutter war ich durch die gestörte Entwicklung meines Kindes in meinem Selbstwertgefühl stärker betroffen als mein Mann. Oder gestand ich mir mein psychisches Nicht-Verkraften eher ein?
Das Schicksal unseres Kindes, das in unser Leben eingriff, riß uns herum. Als das vage Gefühl von Janinas Beeinträchtigung sich allmählich in Gewißheit verwandelte, brachte dies in unser Familienleben Konsequenzen, wie es Realitäten an sich haben. Unsere familiäre Tragfähigkeit war für diese Wirklichkeit nicht stark genug, wir hatten zu wenig Geduld, Verständnis, Achtung füreinander. Letztlich war die Behinderung unserer Tochter nicht der Trennungsgrund, wir hatten es uns nur selber nicht eingestehen wollen, daß wir schon vorher kein WIR mehr fühlten. Keine Momente fanden, um Wichtiges zu besprechen; uns unnötig kränkten. Zwei Eigenwillige, die nicht mehr nachgeben konnten, die das Auseinandergehen 1987 als scheiternde Niederlage ansahen. Alon als Vater empfand, ihm würde durch die Trennung sein Kind weggenommen. Doch Verheiratetsein als eine Form von Notgemeinschaft wollte ich nicht mehr leben. Für unser Kind allerdings hoffte und wünschte ich mir viel Kontakt zwischen den beiden.
Ich hatte gespürt, daß ich mit meiner Rolle als Mutter und bei der Last der Verantwortung meine äußere Situation verändern mußte, um mich zu »stärken«. Es war mir weder Kraft noch Lust geblieben, mit meinem Mann gesellschaftlich zu repräsentieren. Die Tren-

nung brachte mir die endgültige Ablehnung der einen Familie ein sowie allgemeines Unverständnis und Nicht-Unterstützung der anderen. Ein Kind, das aus dem glitzernden Rahmen fällt, ein Kind mit Handikaps zu haben ist, trotz einer gut situierten Familienumgebung, schwer. Noch schwieriger ist es sicherlich, wenn dieses Kind in eine jüdische Gemeinschaft eingebettet ist, nach deren Ideal es doch gerade erfolgreich, genial und schön sein soll. Die soziale Kontrolle gleicht einem dörflichen Milieu. Daraus erkläre ich mir mein langes Hinauszögern des endgültigen Schritts der Trennung von meinem Mann.

Alon war mir, als wir uns als Jugendliche kennenlernten, ein wichtiger Gesprächspartner gewesen, dem ich vertraute. Unsere Beziehung war von Anfang an durch die Ablehnung seiner Eltern stark belastet. So empfanden wir uns als Paar, das gegen die zusammenhielt, die gegen uns waren. Obwohl wir an verschiedenen Orten studierten, sahen wir uns häufig. Nach dem Studium trat er ins elterliche Unternehmen ein. Dadurch verstärkten sich die Probleme für uns. Es war anstregend, sich permanent gegen die Einmischung zu wehren. Langsam entwickelte sich Alon zu einem in sich gekehrten Geschäftsmann mit wenig Zeit. Für das Zuhören, Anteilnehmen, für die Entspannung blieb kaum Platz in seinem Leben. So war ich mir in der Schwangerschaft selbst überlassen. Drei Wochen vor Janinas Geburt war Alon dem geschäftlichen Streß nicht mehr gewachsen. Er erkrankte schwer an der Bauchspeicheldrüse. Als Notfall wurde er in dasselbe Krankenhaus eingeliefert, in dem später Janina zur Welt kommen sollte. Er wurde künstlich ernährt. Pausenloses Erbrechen und Todesangst schwächten ihn so sehr, daß ich ihn eines Tages im Rollstuhl sitzend vorfand. Bei der Geburt seines Kindes dabeizusein, wurde ihm untersagt. Mein Gefühl pendelte zwischen Mitleid, Enttäuschung und Angst, ganz allein dazustehen.

Unser Zusammenleben hatte sich zu einer Belastung für uns entwickelt. Zum Zeitpunkt von Janinas Geburt spürten wir dies so stark, daß wir vor ihr seelisch und körperlich kapitulierten. In den folgenden Jahren schafften wir es nicht, uns von diesem Trauma zu erholen. Je mehr die Probleme mit Janina zunahmen, um so drückender und unausweichlicher schien uns alles. So kam es, daß Alon und ich jeder seinen eigenen Weg aus diesem Schatten suchten. Eine zärtliche und gelassene Annäherung an unsere gemeinsamen Probleme boykottierte jeder von uns auf seine eigene Art, aus seinem eigenen Erleben dieses Traumas der Gemeinsamkeit heraus. Da wir uns unfähig glaubten, uns gegenseitig zu helfen, suchten wir diese Hilfe um so mehr von außen. Ein Weg, unter dem ich zunehmend litt. Er bedeutete, daß Alon und ich fortan auf getrennten Ebenen Verantwortung für unsere Familie übernehmen würden. Er immer mehr als erfolgreicher Geschäftsmann, der unserer Familie und besonders unserer behinderten Tochter jedwede fachliche Hilfe finanziell ermöglichen konnte. Und ich als diejenige, die diese »Hilfe von außen« organisieren, koordinieren und verantworten mußte. Alon entglitt mir als der Vater, den ich mir für meine Tochter erträumt hatte. Ich selbst geriet in eine immer ausweglosere Situation, unter der ich um so mehr litt, da sie wegen unserer »blendenden« wirtschaftlichen Verhältnisse von anderen Menschen fast nie verstanden wurde. Das finanzielle Polster, das Alon um mich und Janina legte, wirkte sich häufig auch als Filter aus, der mir die herzliche Anteilnahme und das Verständnis für Janinas und meine Situation verwehrte, gerade dann, wenn meine seelische Pein über unsere scheinbar ausweglose Familiensituation am größten war. Bei unserem Auseinandergehen viereinhalb Jahre später war unser Traum von einer gemeinsamen Familie, die jedem von uns genug Licht und Wärme gibt, ausgeträumt.

Bei der Trennung waren mein Mann und meine Familie weiterhin der Meinung, eine Kinderfrau sei die richtige Entlastung. Ich träumte immer noch den Wunschtraum eines an Janina interessierten Vaters, der nicht nur einen gehetzten Wimpernschlag lang Zeit hat. Da blieb kein Platz für Zuhören oder Trost.
Eine Kinderfrau meinte, bei meinen beruflichen Möglichkeiten und einem erfolgreichen Ehemann sei doch das Schicksal Janinas halb so schlimm. Eine Freundin schlug vor, Janina in ein Heim zu geben, um mit Alon neu anfangen zu können. Eine Mutter meinte, ich solle an mich denken und Janina Alon geben. Du ahnst nichts von dem Bündel, das nicht auf deinem Rücken drückt, möchte ich oft anderen entgegnen. Drei Kinder sind nicht wie ein behindertes Kind, das nicht nur in der Einbildung schwierig ist. Man braucht viel Rückgrat oder ein halbes Dutzend Schulterpolster. Bevor eine Mutter und ein Vater überhaupt das Ausmaß der Behinderung ihres Kindes erahnen, sind sie durch Spezialisten, Ärzte, Professoren, Therapeuten bandagiert und kontrolliert.

Alltagsschmerzen – Alltagsfreuden

Eine Frau aus unserem Bekanntenkreis sagte zu einer Freundin, Janina sei nicht gut genug für ihre Tochter. Nicht gut genug. Das vertieft die Wunde und bleibt unvergeßlich. Die jüdische Gemeinde ist zu klein, als daß man sich aus dem Weg gehen kann.

Unvorbereitet und mit voller Wucht stürzte ich, wie andere betroffene Eltern auch, in das Schicksalsloch; Erschütterungen durch Außenstehende wiegen dann noch schwerer. Der schockartigen Konfrontation mit dem normalen Alltag konnte ich nicht ausweichen. Der Schmerz beim Anblick eines gesunden, normalsinnigen Kindes ließ sich nicht verbergen.

Schweigen möchte ich in der Öffentlichkeit nicht, im Gegenteil, ich äußere meinen Unmut, spreche über meine verletzten Gefühle.

Als es sich nach Jahren zufällig ergab, daß wir die anfangs erwähnte Risikoberatungsärztin (»...mißlungenes Menü...«) bei einem Vortrag wiedertrafen, sprach ich sie offen an. Eine Kränkung in diesem Ausmaß verjährt nicht. Wir waren durchaus darauf eingestellt, daß die Spezialistin für Behinderungen Erinnerungslücken haben würde. Doch wie wenig souverän wirkte sie, als sie nach einer halben Entschuldigung meinte, Eltern von Behinderung bedrohter Kinder nähmen oft Zwischentöne wahr.

Im allgemeinen ist es für alle Eltern nicht einfach, einen Kindergartenplatz zu erhalten. Um wieviel schwieriger ist es für Eltern behinderter Kinder, ihr Kind in liebevolle Obhut zu geben. Die Unterbringung erfordert ständig Offenheit, Ausdauer, energisches Auftreten und Durchsetzungsvermögen.

Rückblickend bedaure ich, daß Janina zweieinhalb Jahre im jüdischen Kindergarten war. Damals war ich stolz, in Anja eine Erzieherin gefunden zu haben, die den Mut hatte, Janina gegen den Einwand der Kolleginnen in die Gruppe aufzunehmen. Es gab Fortschritte, doch letztlich waren beide überfordert. Die Gruppe war mit elf Kindern zu groß. Manche Erzieherinnen weigerten sich, in Anjas Gruppe Vertretung zu machen, weil Janina ihnen in ihrem Wesen zu fremd schien. So hatte ich, als Janina fünf Jahre alt war, in Absprache mit dem Bezirksamt, eine Einzelfallhelferin – Janinas Beschäftigungstherapeutin Mascha – zur Unterstützung herangeholt. Eigentlich hatte sich der Kindergarten selbst um eine Zusatzkraft kümmern wollen; da er das Versprechen nicht einhalten konnte und die Notwendigkeit einsah, akzeptierte er Mascha als Hilfe.

Unvergeßlich bleibt mir ein Elternabend, der von einer deutschen Mutter einberufen wurde, weil sie befürchtete, Janina sei ansteckend. Ihr Ziel war, Janina aus der Gruppe zu entfernen. Es tat mir gut, daß die meist russichen Eltern sich empört dagegen verwahrten; wegen ihrer eigenen Anpassungs- und Sprachprobleme konnten sie sich offenbar eher in ein »anderes« Kind einfühlen.

Je mehr ich mich an Janinas Anderssein herantastete, um so klarer wurde mir, daß engagierte Betreuung notwenig war. Auch war ich es leid, ständig um eine verbesserte Situation zu kämpfen. Deshalb nahm ich Janina endlich aus dem jüdischen Kindergarten heraus. Der Unterschied zeigte sich, als Janina in eine Integrationskita kam. Eine altersgemischte Gruppe (2–6 Jahre) – insgesamt sieben Kinder, davon ein körperbehindertes – ließ Janina eher als Kindergartenkind erscheinen. Die einzige andere zu sein, dieser Rolle war sie nun enthoben. Ich fing langsam an, der Kindergärtnerin zu vertrauen. Nur gefühlsmäßig konnte ich herausfinden, was wirklich in den Stunden meiner Abwesenheit passierte – erzählen konnte es mir meine Tochter nicht.

Zur weiteren gezielten Förderung kam später in Absprache mit der Kita noch ein Einzelfallhelfer hinzu.

Oft frage ich mich, was mit Janina los ist.
Sie ist hübsch anzusehen, lieb, zierlich, umgänglich, zärtlich. Ab und zu gibt es jetzt endlich einige Machtkämpfe. Sie setzt sich mehr durch. Sie ist lernfähig, sie entdeckt immer mehr ihr Ich, sie entwickelt Eigenmotivationen und Eigeninitiative, sie kann sich gut orientieren, sie ist verschmitzt. Sie schaukelt, reitet und schwimmt mit Schwimmreifen gerne. Sie mag Musik, sie spielt gerne Ball. Sie hatte lange Angst vor lautem Kindergeschrei; wenn Jüngere spontan auf sie zukamen, zog sie sich in ihre Welt zurück, schaute sich ihre Hände an und äußerte Laute. Bei Freude wedelte sie anfangs mit den Armen. Jetzt hopst sie wie ein Hampelmann hin und her.
Als sie vier Jahre alt war, ließ ich sie tagsüber ohne Windeln. Mittlerweile ist sie auch nachts sauber.
Sie schaut einem in die Augen und äußert Wünsche durch Mimik und Gestik; manchmal beobachtet sie. Bei der Beschäftigungstherapie »leistet« sie einiges. Dort malt sie, klettert, spielt, imitiert. Sie erfaßt ihr Anderssein und ist dann traurig, manchmal hat sie minutenlang Kontakt zu einem anderen Kind. Für Außenstehende ist es verblüffend, über welche kleinen Fortschritte, die ab und an wie unter einem Vergrößerungsglas erkennbar werden, wir uns freuen, z. B. daß sie jetzt gerne Zuordnungsspiele spielt: Farben, Formen, Tiere, Gegenstände. Sie kann nun an einem Geschenk Gefallen finden und es sogar vor anderen Kindern »verteidigen«. Sie rollt Knetmasse zu einem Ball. Zur Zeit spielt sie gerne mit einem Steckbrettspiel, verschiedenen Holzpuzzles und zieht Fäden durch eine vorgelochte Pappkarte.
Sie kleidet sich alleine aus und mit Hilfe an. Sie kann Verschlüsse auf- und zudrehen, Reißverschlüsse auf-

und zuziehen. Sie erkennt auf Fotos ihre Cousinen, bringt das Telefon, damit wir Naomi oder Miriam anrufen.

Was verlief und verläuft anders?
Erst mit Beginn des vierten Monats kann Janina ihren Kopf halten.
Ende des achten Monats robbt sie auf allen vieren.
Anfang des zehnten Monats kann sie alleine sitzen und bewegt sich auf Knien vorwärts.
Bis Ende des zehnten Monats krabbelt sie, mit zwei Jahren unternimmt sie die ersten aufrechten Schritte.
Mit viereinviertel Jahren steigt sie die Treppen herauf und herunter.
Mit fünf können wir auch ohne Buggy unterwegs sein.
Ende des neunten Monats beginnt sie ab und an zu plappern (lautiert, vokalisiert).
Von zweieinhalb bis dreieinhalb Jahren gibt es eine Zeit, in der sie von Lampenlicht fasziniert ist.
Im dritten Lebensjahr vermeidet sie Blickkontakt, scheint bei Fremden wie abgekapselt zu sein. Das Rascheln der Herbstblätter, das Sausen des Windes, die schwingenden Bewegungen der Äste erregen eher ihre Aufmerksamkeit.
Vom zweiten bis zum vierten Lebensjahr ist sie akustisch übersensibel. Beim Geräusch eines Staubsaugers, eines Föns, eines Bohrers, einer Küchenmaschine, lauter Kinderstimmen hält sie sich erschreckt die Ohren zu.
Von dreieinhalb bis vier lehnt sie fremde Frauen aggressiv ab, kratzt und reißt sie an den Haaren.
Eigenstimulierung beginnt im fünften Lebensjahr: Sie dreht sich im Kreis, bewegt manchmal ihre Hand ausdauernd hin und her.
Sie ist bis zum fünften Lebensjahr schmerz- und wärmeunterempfindlich. Extremes Schaukeln in der

Hängematte läßt sie mit vierdreiviertel ihren Körper besser spüren (daher fährt sie z. B. auch gerne mit der Achterbahn), durch eine Bürste fühlt sie ihren Fuß, durch eine elektrische Zahnbürste ihren Mund.
Seit ihrem fünften Lebensjahr wird ihr offiziell bestätigt, daß sie behindert ist: mehrfach gehandikapt (geistig/sprachlich) mit autistischen Zügen. Der Staat zahlt ihr 309 DM pro Monat.
Es gibt keine verbale Kommunikation, höchstens ein zufälliges Wort im richtigen Zusammenhang.
Bis zu ihrem siebten Lebensjahr läßt sie sich auf kein Rollenspiel ein, außer ein wenig mit ihrem Schlafteddy. Neuerdings imitiert sie mich beim Telefonieren, legt die Beine auf den Tisch, oder zieht meine Stiefel an, um mir zu zeigen, daß wir rausgehen sollen. Einmal freut sie sich wie Bolle, als sie im Garten ist, rund ums Haus rennt, Sturm klingelt und Frau Zacharias die Tür öffnet: »Frechling, das bist ja du!« – »He, he, ha, ha!« lacht Janina.
Es gibt kaum ein Kuscheln mit Stofftieren und wenig Variationen im Spielverhalten. Sie ist erwachsenenorientiert, bei Anspannung knirscht sie mit den Zähnen, oft hat sie vermehrten Speichelfluß und sabbert, und dann ist das Kinn wund und muß häufig eingecremt werden.
Sie nimmt immer noch Dinge in den Mund. Wenn sie geküßt werden will, hält sie ihre Wange hin, kann aber selber noch nicht die Lippen zum Kuß formen, auch nicht pusten.
Neuerdings, mit sieben, imitiert sie häufiger; z. B. bringt Janina die Apfelsinenpresse, setzt die Teile sachgerecht aufeinander, holt Orangen, um sie mit mir gemeinsam auszupressen, was sie mit Lautäußerungen begleitet. Wir trinken mit Genuß den Saft.
Als wir kürzlich eine Familie mit drei Kindern im Alter von drei bis sieben Jahren kennenlernen, geht Janina angstfreier, offen, freudig auf sie zu. Als die

Kinder auf dem Trampolin springen, macht Janina Hopsbewegungen nach.
Sie zeigt glücklicherweise keinerlei Autoaggression. Ich lebe aber stets mit der Angst, sie könne – wie im Fachbuch beschrieben – anfangen, im Bett hin und her zu wackeln und den Kopf gegen die Wand zu stoßen.
Mit Janina auf Besuch zu gehen bedeutet, sich eventuell Streß auszusetzen. Das ist nicht vergleichbar mit dem Streß, den Eltern mit ihren Kleinkindern haben, denn die wissen immerhin, daß der nachläßt, je älter und selbständiger die Kinder werden. Janina macht nicht aus Versehen etwas kaputt, aber wir müssen ständig achtgeben, daß sie nicht aus Anspannung oder »Langeweile« den Kaffeetisch abräumt, ein Glas umkippt, an Pflanzen rupft oder alles ansabbert. Meine Freunde sind sehr geduldig, ohne sie wäre es oft kaum tragbar gewesen. Es gibt viele Menschen, die Janina mögen.
Den Kindern im Freundeskreis sind ihre manchmal bizarren Bewegungsmuster und ihr Nicht-Mitspielen vertraut. Aber für mich ist es oft schwer auszuhalten, von anderen angestarrt zu werden, Fragen beantworten zu müssen, aufzufallen. Unsere Liebe und Nähe wird dadurch belastet.

Meine Wunde ist mein Kind

Zwischen dem ersten und fünften Lebensjahr sprach ich über das Anderssein meiner Tochter, denn die bange Frage, ob sie normalsinnig sei, ob sie sei wie andere Kinder, beschäftigte mich ununterbrochen.
»Du mußt positiv denken«, sagte meine Schwester.
»So schlimm kann es doch nicht sein«, wehrte ein Bekannter ab und erzählte von seiner kleinen Nichte. Sie sei auch belastet, weil sie wegen einer Verbrennung im Alter von zwei Jahren als erwachsene Frau kein Dekolleté tragen könne.
»Du weißt doch, Einstein hat auch erst mit fünf zu reden begonnen«, sprach eine Tante mir gut zu.
»So ein hübsches, niedliches Mädchen, und gar nichts zu sehen«, rief ein Mann im Swimmingpool aus, der durch die babyhaften Laute der fünfjährigen Janina überrascht war.
»Gott sei Dank ist mein Kind wenigstens gesund, wenn ich schon kein zweites Baby bekommen kann«, bemerkte eine Bekannte.
»Vielleicht macht dieser Schicksalsschlag Sie zu einer reiferen Frau«, meinte eine Pädagogin.
Mein Schwiegervater sagte: »Das Kind ist so, weil seine Mutter es nicht liebt.«
Meine Mutter war gegen die Trennung von meinem Mann. »Und wenn es schon sein muß, dann gib ihm wenigstens das Kind. Die Augen soll es jeder neuen Frau auskratzen. Nach einem Monat wird ihm jede davonrennen, und er wird zu schätzen wissen, was du leistest!« sagte meine impulsive Mutter, die am Herzen erkrankt auf der Intensivstation lag. Vor mir sah ich den Herzmonitor. Also schwieg ich, unterdrückte meinen Zorn und wurde traurig.
»Wer nimmt euch denn mit einem solchen Kind?«

fügte meine Mutter besorgt hinzu. »Ich nehme Janina erst über Nacht, wenn sie sprechen kann, sonst habe ich zuviel Angst«, meinte sie zum Abschluß.

Es gibt jahrelange Verletzungen, mein Gedächtnis wird zum Speicher; die Risse machen mich spröde wie zersplittertes Glas. Ich versuche trotzdem, mich zu zerstreuen.

Warum gibt es so viele Sprüche? Meine Wunde ist mein Kind. Seelentröster ließen sich im Garten nicht pflanzen, daher entwickle ich mich zu einer Löwenmutter. Die Nähe, die ich zu anderen zulasse, ist ein Entgegenkommen meinerseits. Nur langsam beginne ich nicht nur über etwas zu sprechen, sondern auch von mir und von uns selbst.

»Verlerne nicht zu hoffen«, sagte mein Vater. »Du wirst die Hoffnung für Janina brauchen, damit du die Last tragen kannst. Dein Kind gehört zu dir wie ein gesundes auch!«

Annäherung an die Wirklichkeit

Im Sommer 1988 begann ich nach einer Urlaubstrennung von meiner Tochter, den Schmerz zu akzeptieren, der mich niederdrückte, dabei entstanden symbolische Geschichten in Märchenform und »Protokolle« des Alltags. Als ich meine »Schulterpolster« auftrennte, um die Trauer rinnen zu lassen, lösten sich aufkommende depressive Verstimmungen auf.

Mein Wunsch war es, Eltern von normalsinnigen Kindern einen Einblick zu ermöglichen, wie sich das Leben mit einem behinderten Kind »anfühlt«. Dabei geht es mir nicht um die vorhandenen Entwicklungsdaten im Vergleich, sondern darum, mein Kind in seiner Persönlichkeit und Schutzbedürftigkeit zu zeigen. Sind sechs Jahre Zeit genug, um so ein traumatisches Erlebnis zu verarbeiten? Läßt sich das Schicksal verkraften? Die Enttäuschung, daß alles anders gekommen ist, als wir es ersehnt haben?

In einer Pädagogikvorlesung über geistige Behinderung, die ich 1988 besuchte, sollten sich die Teilnehmerinnen vorstellen und erklären, was sie bewogen habe, gerade diese Studienrichtung zu wählen. Mit Erstaunen hörten wir eine Studentin und Mutter sagen, daß sie eigentlich nicht wisse, warum sie hier sei, denn das betreffe sie persönlich nicht.

Sie fing dann doch an zu erzählen. Ihre Gefühle konnte sie nicht mehr in Schach halten, als sie ihr zweites Kind erwähnte, das für geistig behindert erklärt worden war. Außerdem hatte ein Professor sie gebeten, das Kind für seine Sammlung photographieren zu dürfen, weil der Kopf des Kindes ihn an einen Vogelkopf erinnere. Mittlerweile habe sich das Kind trotz negativer Prognose gut entwickelt und werde später kosmetisch operiert.

»Eigentlich weiß ich nicht, was ich hier soll«, sagte sie anfangs und schloß am Ende mit der Äußerung: »Zum Glück ist mein Kind doch nicht geistig behindert.« Dieses »Zum Glück« kann ich nicht äußern. Manchmal läßt es sich mit Janina träumen. Ohne Hoffnung, daß sie einerseits glücklich und zufrieden wird und andererseits ihre Lernmöglichkeit noch lange nicht ausgeschöpft ist, läßt es sich nicht sorglos leben.
Auch unser Kind schien genetisch gesehen ein interessanter Fall zu sein. Janina wurde 1989 von Kopf bis Fuß begutachtet, untersucht, gemessen, photographiert und besprochen. Was für ein Schock, Janina einmal in einem Fachlexikon zu entdecken!
Letztendlich paßten die Daten nicht ausreichend zum Syndrom. Danach beschloß ich, meine Tochter niemals mehr einem Spezialisten vorzustellen. Wir werden lernen müssen, mit ihrer Behinderung zu leben, ohne zu wissen, warum sie behindert ist.
In einem Seminar über Wahrnehmungsförderung wurde uns eine Videoaufnahme einer frühkindlichen Bobath-Turnförderung gezeigt. Die gesamte Mutter-Kind-Muß-Situation stieg wieder in mir auf. Eine Mutter und Mitstudentin, ihr gesundes Kleinkind auf dem Schoß, äußerte »Betroffenheit« mit dem Videokind. Unreflektiert schoß es aus mir heraus: »Du hast doch keine Ahnung!« Die Mutter eines gesunden Kindes kann meines Erachtens tatsächlich kaum etwas von dem Leid mit einem behinderten Kind verstehen.
Seit seinem vierten Lebensmonat muß mein Kind turnen, spielen üben, beschäftigt und angeregt werden, täglich durch die Mutter und viermal wöchentlich bei den jeweiligen Therapeutinnen. Es muß müssen. Es muß geweckt, angezogen, ausgezogen, chauffiert und begleitet werden. Es schreit, es weint, es wehrt sich vergeblich, erfolgreich, es guckt immer trauriger, es verweigert sich, es gewöhnt sich daran, es geht selbstverständlich und gerne (?) hin.
Aber du mußt, ich muß, wir müssen, nur der Vater muß

nicht. Tue ich es nicht, schiebe ich das schlechte Gewissen weg und fühle mich trotzdem eingeschlossen. Die Mutter als Schuldige, ganz gleich, was sie tut; außerdem ist sie bestens als »Co-Therapeutin« einsetzbar.

Viele Schritte Janinas sind mühsam antherapiert, trainiert. Rückschritte bei emotionaler Unausgeglichenheit und/oder aufgrund realer Umstände treten kurzfristig auf und verdüstern die Stimmung. Fortschritte sind manchmal deutlich sichtbar, manchmal nur für uns wie unter einer Lupe. Wie einen Schnappschuß möchten wir sie einfangen und festhalten.

Mein unterdrücktes Neidgefühl, meine Ambivalenz, mein unbewältigtes Mutter-Kind-Schicksal hatten mich in diesem Augenblick eingeholt. Die Mitstudentin war irritiert, ich zog mich zurück, die anderen fielen auf die nun entstandene aggressive Eigendynamik herein und griffen eine andere Kommilitonin und Mutter an, die meine Empörung aufgrund ähnlicher Erfahrung teilte.

Damals entstand mein Entschluß, die Last ein wenig zu verringern, indem ich sie aufschreibe. Seither wage ich mich mit meinen Gedanken immer näher an die Wirklichkeit heran.

Im Rahmen meines Zweitstudiums erhielt ich durch eine Dozentin im Winter 1988 die Chance, an der Sonderschule für geistig Behinderte in der ersten Klasse zu hospitieren. Wegen meiner Schwellenangst bat ich Alon, diesen Riesenschritt mit mir gemeinsam anzugehen. Nach ein paar Angst-Abwehr-Minuten in der Klasse gelang es mir, mich zu entspannen und auf jedes der Kinder zuzugehen. Auch bei schwerer behinderten Kindern war das Gespenstische für mich entschwunden. Wie es meinem Mann erging, weiß ich nicht; er mochte darüber nicht reden.

Ganz anders war es ein Jahr zuvor, als ich einmal allein mit meiner Tochter einen integrativen Musikverein aufsuchte. Dieser Schritt war eine Nummer zu

groß. Janina fühlte sich unwohl. Die miefige Atmosphäre benebelte uns. Wir wollten gehen. Da öffnete die Leiterin noch eine Tür. In dem Zimmer saßen drei Schwerbehinderte: ein Jugendlicher, sofort als Autist erkennbar, ein anderer mit deformierten Kopf und ein beängstigend aggressives Mädchen. Es war wie ein Alptraum. Ich flüchtete mit Janina. Die Leiterin rief hinter uns her: »Auch Ihr Kind gehört dazu!«
Später erfuhr ich, daß die Leiterin ungefragt Janina als Mitglied registriert hatte. Der Staat zahlte ihr Zuschuß. Behinderte – ein lukratives Geschäft?
In meinem Sonderpädagogik-Studium nahm ich mir vor, mich behutsam an die neuen Erfahrungen heranzutasten. So wurde ich bestärkt, als ich mein Praktikum im Winter 88/89 in einer ersten Klasse der Sonderschule für Sprach- und Körperbehinderte absolvierte. Dort erlebte ich die natürliche Distanz zu den Schülern als angenehm, weil es nicht meine Kinder waren. Die »Eigen-Frustration« fällt weg.
Motiviert durch meine persönliche Erfahrung, durch echtes Interesse und Einfühlungsvermögen bekam ich sehr rasch einen guten Kontakt zu den dreizehn sechs- bis achtjährigen Kindern mit unterschiedlich starken Sprach- oder Lernauffälligkeiten. Drei Schüler hatten bis zum sechsten Lebensjahr nicht sprechen gelernt.
Ein Junge, Andreas, der im Unterricht kein Wort sagte, interessierte mich besonders. Als ich hörte, daß er aggressive Verhaltensauffälligkeiten habe, verstärkte sich mein Wunsch, ihm zu helfen. Außerdem mochten wir einander von Anfang an.
In einer Pause kam Andreas zu mir und setzte sich auf meinen Schoß. Ich wußte, daß sein Einzelfallhelfer ihn spüren lassen wollte, daß er zu grob war. Er wollte ihm die Schmerzgrenze deutlich machen. Doch der Junge schlug immer heftiger auf den Kopf des anderen ein. Mir fiel sofort ein Spiel ein, das ich mit Janina spiele, und schlug es Andreas vor. Beim »Bumsköpfchen-Spiel« müssen sich ganz sachte unsere Köpfe be-

rühren. War es nur ein wenig zu doll, rief ich: »Aua!« Es glückte, und Andreas hatte Freude daran. Dann probierten wir das Lied von den Igeln, die, wenn sie sich küssen, ganz behutsam sein müssen.

In der nächsten Stunde übte ich den Buchstaben »N«. Kinder, deren Name ein »N« enthielt, kamen nach vorne. Ein »N« als Anfangsbuchstabe fehlte uns jedoch, so stellte ich mich dazu. Nela schrieben die dreizehn Schulkinder auf ihre Tafel.

Als ich darum bat, den Namen erst im Chor und dann einzeln vorzulesen, tat dies auch Andreas. Ich nahm ihn seitdem wie selbstverständlich dran und überließ es nicht einem anderen Kind, für ihn zu sprechen. Sich identifizieren zu können hilft bekanntlich beim Lernen.

Als besonders spannend empfand ich eine Unterrichtsstunde, in der ich nur das Personalpronomen »ich« einführen sollte. Ein Wort während einer gesamten Schulstunde!

Da dachte ich erneut an meine Tochter, und es war für mich die aufregendste Stunde, die ich je gegeben hatte. Auch die Schüler hatten großen Spaß. Es war lehrreich und reizvoll zugleich, das Sprachniveau der Schüler zu berücksichtigen und die Eigeninitiative, d. h. das Sprechen der Schüler, zu motivieren.

Es galt, den Satz auf ein notwendiges Minimum zu reduzieren und Gestik und Mimik zu Hilfe zu nehmen.

Ich bin Nela und du? So ging es reihum. Ich bin sechsunddreißig und du? Ich und du, Müllers Kuh, Müllers Esel, der bist du.

Wir alle lachten, als ein Schüler trotz Reimtext noch ans Schummeln dachte.

Mittels Janinas Kasperle fragte ein Schüler seinen Nachbarn, ob er einen Keks möchte. Dann erzählte ich ihnen von Janina und zeigte ihnen ein großes Bild von ihr. Die in einem »Alltagsprotokoll« beschriebene Eß-Situation und das Ich-und-du-Spiel fesselte

die Schüler sehr. Plötzlich erinnerte sich das eine oder andere Kind daran, daß es auch nicht gerne kauen wollte und lange Brei gegessen habe.
Mein rechter Platz ist leer, ich wünsche mir xy her, und das Schreiben zweier Minisätze auf ihre Tafeln (»Ich bin xy. Ich bin 6«), rundete die Stunde ab. Jedes Kind hatte sich beteiligt.
Meine durchaus vorhandene Schwellenangst vor der Behinderung anderer Kinder erwies sich als unbegründet. Mir war vorher nicht klar gewesen, ob das Leben mit einem Kind mit Handikaps und das Arbeiten mit behinderten Kindern nicht ein Zuviel an Belastung darstellen würde. Fremde behinderte Kinder zu fördern und mit der Schädigung seines eigenen Kindes fertig zu werden, ist ein großer Unterschied. Für meine Tochter möchte ich die Mama sein und keine Therapeutin mit Programm; lieber mit ihr schmusen, kuscheln, toben, spielen, was sie möchte, den Alltag leben.

Für uns als Eltern bleibt die gemeinsame Sorge um die Zukunft unseres Kindes, das im Leben nicht selbständig werden wird, bestehen. Nach sechseinhalb Jahren, zwei Jahre nach unserer Trennung, fingen wir als Mutter und Vater vorsichtig an, die Verantwortung ein bißchen gerechter zu verteilen. Janina verbringt das Wochenende bei ihrem Vater, der Hilfe durch eine Erzieherin mit Sonderschulerfahrung erhält, und wir wechseln uns bei den Urlauben ab. Wir versuchen, nicht mehr Ankläger und Verteidiger zu sein.

Mein Vater erzählte mir von einem ihm bekannten Rabbi in Jerusalem, den ich wegen Janina um Rat fragen solle. Zwar steckte ich bei einem Aufenthalt in Jerusalem – wie andere Hoffnungsvolle auch – eine Bittbotschaft in eine der unzähligen Ritzen der Klagemauer, aber trotz dieser symbolischen Geste suchte ich keinen Wunderrabbi auf.
Im Sommer 1988 sah ich dann den Film von Karl Fruchtmann »Ein einfacher Mensch«. Jacov, ein Mann, der Auschwitz überlebt hat, jedoch als »lebendige Leiche«. Seine Frau, deren Gesicht durch einen Bombenangriff entstellt wurde, sagt, sie habe ihr Ich verloren. Die teilweise resignative und doch versteckt vorwurfsvolle Körperhaltung Jacovs erinnert mich an meine Familie, ebenso das Schweigen, das die Ehefrau aufzubrechen versucht. Der Rabbi des Films, der anteilnehmend, warmherzig auf Jacov eingeht, stärkt auch mein seelisches Befinden. Besonders der Moment, in dem er Jacovs geringe Lebensfreude, die Mutlosigkeit und Selbstvorwürfe anspricht und ihm die lebensbejahenden Gebote des Judentums entgegenhält, berührt mich.

Daraus entwickelt sich ein Hauch von Trost, der sich in den Geschichten »Eine märchenhafte Träumerei oder Die Suche nach dem Rabbi« und »Die Träumerin« ausdrückt, die in diesem Buch abgedruckt sind. Ich komme, wie Janinas Vater auch, aus einer Familie, in der weder über Persönliches noch über die erlittene Verfolgung in der Nazizeit und die eigenen familiären Wurzeln gesprochen wird. Schon vor Janinas Geburt übersahen Alon und ich, daß wir – die wir viel miteinander gesprochen hatten – nebeneinander sprachloser wurden. Mich belastet deshalb auch an Janinas Behinderung am meisten, daß sie sich durch Nicht-Sprechen-Können-Wollen(?) zurückzieht.

Ich konnte erst Ende 1989 noch zögernd, unsicher und vorsichtig anfangen, meine Eltern über ihre Kindheit zu befragen. Dabei erfuhr ich, daß meine Großeltern als gläubige Juden fromm lebten und mein Großvater den Ruf eines Rabbi hatte.

Die osteuropäisch-jüdisch-traditionelle Welt meiner Eltern ist fast spurlos untergegangen. Geblieben sind mir als emotionales Bindeglied die Lieder. Wenn meine Mutter mit ihrer schönen Stimme sang, waren das die Momente, in denen ich mich zu ihr hingezogen fühlte. In der Zeit der größten Hoffnungslosigkeit zeigten mir Lieder einen Weg der Hoffnung in die verschlossene Welt meiner Tochter. Durch den Gesang öffnete sich Janina langsam aber stetig; anfangs waren es nur Minuten, heute sind es längere gemeinsame Zeiten, in denen wir – wenn keine Beobachter, Zugucker, Hineinredner, Besserwisser da sind – einander nahe fühlen, uns freuen, entspannen, tanzen, neben- und miteinander etwas genießen, wo wir eine Einheit sind und uns zusammen wohl fühlen – ganz exklusiv. Aus diesen Augenblicken sind unvergeßliche, unzerbrechliche Umarmungen und Bindungen gewachsen – eine echte Mutter-Kind-Beziehung.

Seit die häusliche Atmosphäre nicht mehr spannungsgeladen ist, tauchen Schuldgefühle und Resignation Janina gegenüber seltener auf. Manchmal, beim Blick in die Zukunft, schwanke ich noch zwischen dem Druck meiner Umgebung und dem Gefühl, zu viel oder zu wenig mit meinem Kind getan zu haben oder durch andere »machen« zu lassen. In solch einem Moment erscheint mir meine Tochter oft weniger als mein Kind, sondern als ein Problem, das mich sehr beschäftigt.
Bisher hatte Janina kaum mit behinderten Kindern Kontakt. Mit anderen zusammen zu spielen ist noch nicht möglich, es bestehen jedoch keine Schranken mehr. Janina ist interessierter und aufgeschlossener geworden. Seit September 1990 geht sie ins Heilpädagogische Therapeutikum, eine »Freie Schule für Geistigbehinderte«. In der einerseits behutsamen, andererseits aber auch feste Grenzen setzenden, förderlichen Umgebung fühlt sie sich wohl, und ihre Persönlichkeit entfaltet sich. Unter den Streß eines Integrationsversuchs möchte ich sie nicht mehr stellen.

Nachdem ich mein Manuskript meiner Familie zu lesen gegeben hatte in der Hoffnung, daß sie die Lebenssituation mit Janina dadurch besser verstehen würden, mußte ich mir eingestehen, daß ich vergeblich auf unterstützende Worte gewartet hatte. Über die Trauer, die ich empfinde, zu schreiben, fühlte ich mich imstande. Darüber wirklich zu sprechen und sie zu zeigen, das fällt mir schwer. Ein anderer könnte unerwartet die nicht vernarbte Wunde berühren wollen; solch eine Nähe ist mir noch fremd. Zu vertraut sind mir die Anfangsstrophen eines Liedes, das mein Vater in entsprechenden Momenten sang:

»Scha, still, mach keine Gerede,
Der Rebbe geht schon wieder tanzen;
Scha, still, mach keine Unruhe,
Der Rebbe geht schon bald tanzen.
Und wenn der Rebbe tanzt,
Tanzen mit ihm die Wände.
Laßt uns alle klatschen in die Hände...«

Als erstes habe ich lernen müssen, daß ich – stellvertretend auch für meine Familie – all die angelernten Verhaltensweisen durchbrechen muß, um die vorhandenen Tränen hochkommen zu lassen und so frei zu werden für die wirklich notwendigen Schritte, die für Janina wichtig sind.
Erst als ich allmählich lernte loszulassen, nicht mehr darauf zu beharren, daß mein Mann sich mehr Zeit für unser Kind nimmt, veränderte sich auch nach und nach seine Einstellung. Seit Janinas Einschulung, auf die Alon mit einer tiefen seelischen Krise reagierte, beschäftigt ihn ihr Leben intensiv, und er übernimmt immer mehr Verantwortung. Nach Janinas achtem Lebensjahr haben wir langsam, aber stetig gelernt, uns gegenseitig zu unterstützen und zu trösten, was wir so nötig brauchten. Wir haben begonnen, den anderen in seiner Trauer und in seinem Gefühl, allein überfordert zu sein, ernst zu nehmen. Amtstermine, die für die Gegenwart und die Zukunft unserer Tochter entscheidend sind, nehmen wir zusammen wahr und können uns aufeinander verlassen.
Schritt für Schritt lernten wir in all den Jahren, Janina, unser unter Mühe gewachsenes Menschenkind, mit ihrem schweren Gepäck der Behinderung anzunehmen. Zu Hause erleben wir ihr schattiges und ihr helles Ich: ein eigenwilliges, zärtliches, aufmerksames, forderndes, unberechenbares, mal zufrieden lachendes, mal trauriges, in ihrer uns versperrten Welt Schutz suchendes Mädchen, das uns auf Trab hält, das

niemals lange allein sein darf, weil es für sie zu gefährlich ist.
Ab und zu staunen wir, wenn sie Laute übt und plötzlich ein »Ich gehe« zu hören ist. Die Berührung ihrer Hand schenkt uns friedliche Liebe. Ihre Augen, die weniger auf der Flucht sind, durchbrechen ihr Schweigen und drücken ihre Sehnsucht aus. Das alles gibt uns die Zuversicht, ins Ungewisse zu wachsen.
Doch manchmal quellen aus verschütteten Schichten Sorge und Argwohn hervor, so zum Beispiel, als ich den Lebensbericht einer sechzigjährigen behinderten Frau in einer Fachzeitschrift lese, die sich die Förderung des Zusammenlebens von Behinderten und Nichtbehinderten zum Ziel gesetzt hat. Die behinderte Frau erinnert sich nur an positive Erlebnisse während ihrer Kindheit in der Hitler-Zeit. Und die Journalistin, die sie befragt und den Bericht mit »Ach, es war doch ganz nett...« betitelt hatte, schreibt statt eines Nachworts lediglich, daß kluge Psychopädagogen wahrscheinlich aus diesem behinderten Kind mehr »herausgeholt« hätten. Aber die abgedruckte Schilderung sei das Leben der behinderten Frau aus eigener Sicht, »ganz ohne Schminke und Zuckerguß«.
Es gibt Menschen, die in der Geschichte leben, daher gehört die Erinnerung an Hadamar der Gegenwart an. Solch eine zu respektierende Erlebniserzählung mit einem derartig unkritischen Schlußkommentar einer Journalistin zu versehen, und das Ganze in einer Fachzeitschrift, das ist ein Ärgernis. Wer kann vergessen, daß damals gleichgültige Menschen in Deutschland dem Bösen freie Hand ließen, wegsahen, als Menschen zu Nummern gemacht und als »lebensunwert« ermordet wurden?
Aber in mir lebt die Hoffnung, ein wenig gegen die Selbstgefälligkeit der »Neutralen« angehen zu können. Und im Privaten gibt es Momente, in denen ich auch aus Alon Mut schöpfe. Zu Janinas neuntem Geburtstag schrieb er mir folgende Zeilen:

»Liebe Nacha,
Zu Janinchens heutigem Geburtstag auch Dir alles Gute;
Janinas Schicksal ist nicht Dein Schicksal oder mein Schicksal, es ist unser gemeinsames...

Alon, September 1991«

Teil 2

Auf der Suche nach dem nicht erfahrenen Glück

Es war einmal eine junge Frau, die suchte nach einer Mutter. Auf ihrer Suche traf sie auf eine mütterliche Alte mit bereits ergrautem Haar. Sie fand in ihr Verständnis, Wohlwollen, Wärme; sie war unendlich geduldig. Da sie sich bei dieser Mutter so wohl fühlte und ihr vertraute, gestattete sie ihr auch die Äußerung von Wahrheiten, die sie anderen nicht zugestand.
Die junge Frau genoß die rückhaltlose Zuneigung der mütterlichen Alten; eines Tages sagte diese: »Mein liebes Kind, ich glaube zu spüren, daß du als Kind zu wenig umsorgt wurdest.«
Gefühlsmäßig unterversorgt – so treffend hatte noch niemand ihren inneren Zustand beschrieben. Die Neu-Mutter sagte zu ihr, sie könne ihr, wann immer sie wolle, alles anvertrauen. In ihr sei das Gesagte tief verborgen.
Das war Balsam für die Seele der jungen Frau, deren Stiefmutter nicht respektvoll mit Geheimnissen umgehen konnte. Oft hatte sie davon geträumt, Trost zu finden, und ihrer Stiefmutter von sich erzählt. Aber dann mußte sie erfahren, daß diese nichts für sich behielt. Im Gegenteil, die Stiefmutter benutzte das Gesagte, um zu tratschen – sie kehrte den Kummer mit einem Besen hin und her, posaunte ihn heraus, um alles zu verdrehen und die Stieftochter auszuspielen. Und die junge Frau klagte verzweifelt vor der mütterlichen Alten, daß die Stiefmutter oft Böses in ihr vermute. Von dem zuletzt Erlebten habe sie sich bis heute nicht erholen können. Und sie erzählte:
In diesem Mai, zum Muttertag, habe ich meiner Stiefmutter etwas Eigenes schenken wollen. Ich habe heimlich an einem Glasbläserkurs teilgenommen, denn ich wollte sie überraschen. Geschickt und liebe-

voll formte ich eine zartrosa, handgroße, durchsichtige Kugel. Vorsichtig blies ich so lange, bis sie einem kugelförmigen Strahlentier glich. Die Strahlen wirkten uneinig: einige stachelig wie ein Igelkind, andere zerbrechlich, verletzlich wie Blüten, die sich bei Gefahr schließen.
Gab ich der Kugel einen kleinen Stups, wiegte sich innen eine zartrosa Flüssigkeit leicht hin und her. Bei genauem Hinsehen war eine winzige Blase als Schönheitsfehler erkennbar. Jedoch war es meine erste mit Freude getane Arbeit. Diese Kugel wollte ich meiner Stiefmutter zum Muttertag schenken.
Ich trug sie, in Watte verpackt, sorgsam auf meine Schritte achtend, nach Hause. Dort legte ich die Kugel, rundum in Seidenpapier gewickelt, in einen roten Karton. Dann suchte ich nach einem geeigneten Versteck.
Der Keller? Die Garage? Der Dachboden? Das Gartenhaus? Oder mein Zimmer, welches weit von den Räumen meiner Familie entfernt war? Besser jedoch schien mir das Vogelhaus. Gerade als ich das Geschenk dort verstauen wollte, war sie plötzlich da. Sie fragte mich barsch, was ich da tue. Das machte mich verlegen. »Aufmachen!« befahl meine Stiefmutter. Ich rief ihr zu: »Laß mich in Ruhe!« und klammerte mich an den Karton. Sie entriß ihn mir aber; hastig öffnete sie das sorgfältig Verpackte. Die Kugel zerbrach. Fünf zartrosa getränkte Dornensplitter lagen wie Tränen am Boden. In dem Moment erschien mir meine Stiefmutter wie ein gefräßiger Wolf, der alles zerstört. Um nicht vor ihr zu weinen, lief ich davon.
Es fehlte nur noch, daß sie hinter mir hergerufen hätte, was denn das Glas in meiner Phantasie darstellen solle? In Gedanken sagte ich einen Auszählreim auf: »Eins, zwei, drei, vier, fünf, sechs, sieben, wo ist meine Kugel geblieben?« doch nichts geschah.
Insgeheim hoffte ich noch, daß meine Stiefmutter versuchen würde, die Scherben zusammenzufügen. Aber

ich ahnte schon, daß ihr das Geduldspiel nicht mehr gelingen würde. Diesmal hatte sie mehr zerbrochen und mich verloren.
Seither wünsche ich mich weit weg, irgendwohin, wo ich sie weder hören noch sehen muß.

Das zerbrochene Glas

Gemeinsam mit unserem Kind essen zu gehen waren seltene Versuche, die schnell fehlschlugen. Besonders ein Mittagessen in einem italienischen Restaurant ist mir in Erinnerung geblieben. Janina war zweidreiviertel Jahre. Zu Hause hatte ich erfolgreich probiert, ihr aus einem Glas zu trinken zu geben.

Wir saßen an einem Tisch hinten im Raum und genossen die Kinderfreundlichkeit des italienischen Obers. Als ich Janina Apfelsaft in ein Glas goß und es ihr hinhielt, begann sie, daraus zu trinken. In dem Moment sagte Alon, der am Alltag kaum Anteil hatte, viel zu laut: »Paß auf, daß sie nicht reinbeißt!« Genau als er das sagte, passierte es. Janina spuckte reflexartig den Glassplitter aus.

Eigentlich war außer dem zerbrochenen Glas nichts geschehen. Aber Alon war aufgeregt und schaute mich vorwurfsvoll an, was mich ärgerte. Janina spürte die Spannung. Ich nahm sie auf den Arm. Sie zerkratzte ihrem Vater und mir das Gesicht.

Am nächsten Morgen fragte mich eine Lehrerkollegin heiter: »Hast du eine Wildkatze zu Hause?«

Ein »anderes« Kind im Kindergarten

Janina steht im Kindergarten in einer Ecke und schaut ab und zu die anderen Kinder an, schaut zu, wie sie spielen, singen, toben, lachen, raufen, sich etwas erzählen. Werden die Kinderstimmen laut und schrill, erschrickt Janina – sie hält sich die Ohren zu, schließt die Augen, aus denen lautlos ein paar Tränen kullern. Langsam verschließt sich ihr Körper immer mehr, bis die Arme, die Hände und schließlich die Finger sich ineinander verkrampfen. Die Kindergärtnerin nimmt Janina in ihre Arme und setzt sie auf ihren Schoß. Irgendwann beruhigt sich Janina; ihre Arme, Hände und Finger lockern sich. Sie öffnet ihre Augen und schaut wieder auf die Kinder, die immer noch in dem einen Kindergartenzimmer spielen. Gelegentlich kommt ein Kind in Janinas Nähe und streichelt ihr kurz die Hand, gibt ihr schnell im Vorbeigehen einen flüchtigen Kuß. Die Kinder – im selben Alter wie Janina – haben gelernt, Janina nicht fest zu drücken. Geschwind erfaßten sie, daß es für sie sicherer ist, Janina nicht zu nahe zu kommen, um nicht von ihr gekratzt zu werden. Die Kinder haben Janina lieb, sie darf ein wenig häufiger als die anderen bei der Kindergärtnerin auf dem Schoß sitzen, an ihrem Rockzipfel hängen. Die zehn Kinder haben sich daran gewöhnt, daß Janina, statt auf die Toilette zu gehen, sich auf ihr rosa Töpfchen setzt. Wenn sie Lust hat, ißt sie wie die anderen Kinder am Tisch mit. Wenn sie da so sitzt und sich mit ihrem Löffel das Essen in den Mund schiebt, trügt das Bild – es scheint so, als stünde nichts zwischen ihnen. Doch Janina ist anders, sagen die Kinder. Gern würde das eine oder andere Kind mit ihr spielen, doch die Kinder meinen, Janina wolle es nicht. Will oder kann sie es nicht?

Wenn die Mutter Janina mittags abholt, kommt sie ihr freudig entgegengelaufen. Dann dreht die Mutter sie als Flieger im Kreis herum. Andere Kinder kommen dann hinzu und wollen auch gedreht werden. OK, ein- bis zweimal, mehr Kraft hat die Mutter nicht. Die Kinder kreischen vor Vergnügen. Unterdessen beobachtet Janina das Geschehen und insbesondere ihre Mutter.

Janina bringt ihre Schuhe und ihre Jacke. Bevor sie sich von den anderen verabschieden, fragt die Mutter die Kindergärtnerin noch rasch, ob es etwas Besonderes gab. Janina kann nämlich nicht reden, die Mutter versucht, in ihren Augen zu lesen. Als sie gehen, nimmt die Mutter Janina wie gewöhnlich auf den Arm. Jetzt sind die Kinder mutiger; sie drücken Janina fest und liebevoll – beinahe droht sie unter den vielen Küssen zu ersticken. Ein Kind fragt: »Warum kann Janina nicht reden?«

»Ich weiß nicht«, antwortet die Mutter und seufzt dabei ein wenig.

Schweigend geht sie mit Janina nach Hause. Dort angekommen, zeigt das Kind auf seine Lieblingskassette »Rolfs Vogelhochzeit«. Janina drückt auf den Schalter des Recorders, so daß die Mutter die Kassette einlegen kann, das Kind schaltet ein, und sie hören, wie das Vogelbaby singt: »Hallo, Mama, hallo, Papa!«

Kinderlachen

Es war einmal ein Kind, das konnte nicht lachen wie die anderen Kinder. Mutter und Vater weinten darüber sehr. Der Vater versuchte, das Kind zum Lachen zu bringen. Er schlug Purzelbäume, zog seine Schuhe verkehrt herum an, um dann zu stolpern, gluckste wie ein Gockel, brachte einen tollpatschigen Clown mit nach Hause, kitzelte und knuffte das Kind am ganzen Körper und rief ihm zu: »Lach doch mal!« Aber es war vergeblich.

Die Mutter indessen lachte ein wehmütiges Lachen. Sie lachte sich selbst aus, aber sie verstand ihr Kind nicht, und sie wußte nicht, was sie mit ihm tun sollte. Das Kind schaute sie nur mit großen Augen an, seine Ohren schienen abgesprungen zu sein.

»Lieber Gott, hilf mir, mein Kind zum Lachen zu bringen!« rief sie oft aus. Nachmittags stand die Mutter häufig am Fenster, lugte durch den Gardinenschlitz nach den anderen fröhlichen Kindern, die geschäftig ihrem Spiel nachgingen. Dabei weinte sie still in ihrem Herzen. Ihr spontanes Alltagslachen schien ihr langsam wegzugleiten, zur Grimasse zu gefrieren.

Eines Nachts hatte die Mutter einen Traum. Die Sonne sprach zu ihr mit großem Wohlwollen und gab ihr folgenden Auftrag: »Streichle und liebkose dein Kind ganz behutsam, sei vorsichtig, zerbrich seine Seele nicht. Sieben Tage und drei Jahre lang mußt du warten, bis sich der unsichtbare Vorhang auftrennt.«

Die Mutter erwachte, Tränen liefen über ihr Gesicht; ihr Herz schmerzte sehr. Sie sagte zu sich selbst: »Wenn ich mein Kind nicht verlieren will, werde ich diesen Traum beherzigen.«

Sieben Tage und drei Jahre lang streichelte sie es Tag

für Tag von dem kleinen Zeh bis zur Haarspitze, vom Augenlid bis zur Fußsohle. Sie tat es so vorsichtig, als ob nur ein Lufthauch darübergleiten würde. Darüber vergaß sie, das Kind ständig zu beobachten, um ihm ein Lachen zu entlocken. Sie zählte nicht die Tage und noch weniger die Jahre.
Drei Jahre waren nun vergangen. Eines Morgens, als die Sonne gerade aufging, fühlte sie, wie eine kleine Hand zart über ihre Augenlider strich, dann weiter über ihre Lippen glitt, ihren Zeh kitzelte.
Sie lächelte – noch im Halbschlaf gefangen – sanft.
Dann jedoch glaubte sie ihren Ohren nicht zu trauen: Das Kind flüsterte es, rief es und schrie es vollends mit glucksenden Lauten heraus: »Mama.« Und es lachte und lachte – von Ohr zu Ohr –, schlug Purzelbäume und freute sich seines Lebens. Da lachten beide, Mutter und Kind, so laut, daß die Leute draußen vor dem Haus dachten, drinnen befände sich eine Tanzgesellschaft. Der Vater wurde gerufen. Er eilte herbei. Er verstand sofort. Dann sangen und tanzten alle drei zusammen.
Nie zuvor hatte man so ein ansteckendes Kinderlachen gehört. Alle Kinder wollten das Kind zum Spielkameraden haben, denn seine Augen sprühten vor Freude und sein Lachen verzauberte und verlockte alle zum Mitlachen.

Ein »anderes« Kind im Kibbuz

Janina verbringt ihren ersten Urlaub gemeinsam mit ihrer Mutter in einem Kibbuz. Da sie drei Wochen bleiben werden, hat Chana, die Tante der Mutter, einiges organisiert. Mutter und Kind sollen sich wohl fühlen. Chana arbeitet im Kindergarten. Zwei andere Erzieherinnen sind ihr in der Gruppe behilflich. Fünfundzwanzig Kinder im Alter von drei bis sechs Jahren tummeln sich in der Gruppe. Die Kindergruppe hat in vier verschiedenen Räumen Platz zum Spielen, Essen, Schlafen; in einer kleinen Küche wird ein wenig gewirtschaftet, im Nebenraum befinden sich die Wasch- und Duschräume. Draußen haben sie einen eigenen Spielplatz, abenteuerlich zusammengewürfelt.

Die Kinder singen, tanzen, malen mit Wasserfarben, kneten, spielen mit Sand, hören Musik, spielen draußen. Chana hat ihnen von dem Kind aus Deutschland erzählt. Als Janina mit ihrer Mutter hereinkommt, schauen sie ihnen voller Neugierde entgegen. Die Kinder kommen angerannt. Einige bestaunen sie offen, einige verstohlen. Sie meinen zu verstehen: Janina ist schüchtern, weil sie einfach so dasteht und guckt – das kennen sie auch. Und sie spricht nicht mit ihnen, weil sie ja aus Deutschland kommt – also kann sie nicht Hebräisch (genausowenig wie sie Deutsch sprechen). Außerdem ist sie so klein, also passen sie eher auf sie auf, wie sie es mit ihren Kleinen gewohnt sind. Janina findet ein kunterbuntes Treiben vor, beobachtet, wie die Kinder Chana lieben und rufen: »Chanale, komm zu uns!«

Chana hat eine wunderschöne Stimme, unzählige Lachfalten umrahmen freundlich ihre klugen Augen. Beim Arbeiten singt sie hebräische Lieder. Bei einigen Liedern, die ihr durch ihre Mutter vertraut sind, scheinen Janinas Augen aufzuwachen. Wenn Janina auf Chanas Schoß sitzt, berührt sie deren Haare (Chana hat den längsten geflochtenen Zopf im Kibbuz), faßt ihre Augen, ihre Nase und ihren Mund an – besonders die Lippen, die so schöne Lieder formen. Dann und wann wird Chana von Janina gekratzt, statt gestreichelt zu werden. Als Reaktion darauf streichelt Chana geduldig Janinas Gesicht und erklärt ihr dabei auf englisch, hebräisch und jiddisch, daß sie ein gutes Kind sei. Janina scheint den fremden Sprachen vertrauensvoll zu lauschen.

Wenn die Kinder essen, sitzt Janina mit am Tisch. Chana drückt auf die Plastikflasche und schüttet viel Ketchup auf Janinas Essen. Sie meint, Hauptsache sei, daß das Kind richtig esse, nicht nur schlucke, sondern kaue. Kauen sei wichtig zur »Sprachanbahnung«. Wenn dafür der rote Ketchup nützlich ist – sei's drum.

Nach dem Essen darf Janina, auf einem Hocker stehend, beim Geschirrspülen helfen. Voller Lust planscht Janina mit. Dabei werden Chana, das Kind und der Küchenfußboden naß. Chana lacht darüber. Anschließend, bevor die anderen Kinder ihren Mittagsschlaf halten, gehen alle in den Duschraum. Dort duscht Chana die Kinder von Kopf bis Fuß ab. Die Haare werden gekämmt und sorgfältig auf Kopfläuse untersucht. Janina, Chanas kleine Helferin, darf die Dusche halten. Chana hilft ihr, den Wasserstrahl richtig auf die Kinder zu richten. Die Kinder kreischen – manche vergnügt, manche ängstlich. Janina hört die Kinderstimmen, sieht die nackten Körper. Sie selbst ist noch mit nassem Kibbuzhemd und Hose bekleidet.

Plötzlich platzt die Mutter in die feucht-fröhliche Bescherung herein. Sie kommt, um ihr Kind abzuholen. Janinas Augen spiegeln den Wunsch wider, noch zu bleiben.

»Schade«, meint die Mutter, »aber wir müssen gehen.

Shalom.« Zusammen radeln sie nach Hause, in Chanas Häuschen. Später, als die Mutter Janina hinlegt und sich selbst dazu, drückt das Kind in dem abgedunkelten Schlafraum für einen Moment die Hand der Mutter und sagt ganz leise, sie dabei kurz anblickend: »Mama!«

Scham in der Öffentlichkeit

Janina war drei Jahre und vier Monate alt, als ich das erstemal mit ihr allein verreiste. Auf dem Rückflug Tel Aviv – Frankfurt bekamen wir zwei Plätze in einer Dreierreihe zugewiesen. Ich hätte zwei Sitze in einer Zweierreihe bevorzugt. Außen, am Gang, saß neben uns ein gutaussehender Mann. Janina hatte den Fensterplatz und wollte sich partout nicht anschnallen lassen, was beim Autofahren nie ein Problem war.

Sie schrie, riß mich an den Haaren, zwickte, kratzte und schlug auf meine Hand. Die Leute ringsherum schauten verstohlen herüber. Janina war auch durch ein Spielzeug nicht abzulenken.

Gestreßt fand ich meine Hände schon eine Idee zu feucht, spürte meine aufkommende, unmutige Ungeduld, als unser attraktiver Sitznachbar auf Englisch mit israelischem Akzent sagte: »Setzen Sie Ihre Tochter doch zwischen uns, ich möchte Ihnen helfen.«

Überrascht und verlegen meinte ich, daß das durchaus nicht unproblematisch sei. Doch der Mann ermunterte mich noch einmal. Tatsächlich ließ sich Janina von ihm anschnallen. Sie schaute dem Flugbegleiter ins Gesicht, und eine Weile ging alles gut. Später, als das Essen serviert wurde, war Janina schon zutraulich. Sie drückte ihren Kopf auf seinen Arm, faßte sein Gesicht an, tastete es mit nassen Fingern ab. Beim Essen schubste sie ihn mehrmals an, so daß sein halbgefülltes Glas umkippte. Ein paar Rotweinflecken verfärbten eine Stelle seines weißen Hemdes. Am liebsten wäre ich noch tiefer in meinen Sitz gesunken. »Schon gut«, meinte er auf hebräisch. Später wanderte Janina von seinem Schoß auf meinen hin und her, warf das eine oder andere herunter. Soweit es die Situation zuließ, unterhielten wir uns ein wenig.

Als die dreieinhalb Stunden Flugzeit endlich um waren, bedankte ich mich für seine Hilfe und floh mit Janina zum Ausgang.
Am nächsten Abend ging ich mit meinem Mann zu einer Geburtstagsfeier. Nach der Begrüßung durch die Gastgeber schaute ich mich unter den Gästen um und dachte abwesend: »Dieses attraktive Gesicht hast du doch schon mal irgendwo gesehen?«
In dem Moment rief der Mann mir »Shalom!« zu. Ich spürte die Röte, die blassen Blonden so schnell ins Gesicht schießt. Mein Nachbar aus dem Flugzeug meinte heiter: »In drei Tagen ist meine Geschäftsreise beendet, und ich fliege nach Tel Aviv zurück. Wollen Sie mich nicht mit Ihrer Tochter wieder zurückbegleiten?« Ich lächelte schüchtern und wechselte schnell das Thema. Wir begannen eine Unterhaltung und tauschten ein paar Sätze in englisch, französisch und ein wenig hebräisch aus. Da fragte eine Frau, die in der Nähe saß, ernsthaft: »Und in welcher Sprache spricht Ihr Kind mit Ihnen?«
»In gar keiner«, antwortete ich.

Was genießen Sie eigentlich an Ihrem Kind?

Janina war eindreiviertel, da sagte eine Bobath-Therapeutin: »Nehmen Sie Ihr Kind, und bleiben Sie eine Weile im Süden. Sonne, Wasser, Strand tun ihm wohler als dieser Therapiezwang.«
»Was genießen Sie eigentlich an Ihrem Kind?« fragte mich eine Pädagogin, als Janina sechs Jahre alt wurde.
Ich fühlte mich schuldbewußt, weil mir spontan zuerst einfiel, was mich belastete: der wortlose Dialog, nie unbefangen sein zu können, ihre geringe Phantasie, daß der Sinn meines Lebens nur noch in der Sorge um mein Kind bestand, daß ich mich oft aufraffen mußte, um ihr eine Spielgefährtin zu sein.
Dann erst dachte ich an angenehme Augenblicke:
Sie ist zufrieden, wenn ich bei ihr bin, wir können zusammen schmunzeln; z. B. über den neuen Besen, auf den ein großer Plastikschuh gestülpt ist, den sie dann anschaut, wenn ich »Zeigt her eure Füße, zeigt her eure Schuh« singe.
Sie empfindet Liebe und drückt ihr Gefühl auf ihre Weise aus: Glück ist, wenn Janina mir eine lange Weile in die Augen schaut, von einem Ohr zum anderen grinst und ihre Arme um meinen Hals schlingt.
Sie ist liebenswert, eigenwillig, »schadenfroh«, lernfähig.
Ich fahre Fahrrad, und sie sitzt zufrieden im Kindersitz.
Sie kann sich auch allein beschäftigen.
Sie ist kontaktfreudig geworden, lacht, wenn die kleine Hanna zu Besuch kommt oder der siebenjährige Benni mit uns ins Aquarium geht, sie schaut sich die im Wasser schwimmenden Fische an und staunt über die Luftblasen.

Sie schaut sich im Spiegel an, lächelt und gibt ihrem Spiegelbild einen »feuchten Kuß«, indem sie die Stelle ableckt.
Sie mag es, wenn ich ihr vorsinge, wir hören gerne Musik.
Sie genießt meine Umarmung, und ich finde es schön, sie in meinem Arm zu spüren.

Das Jahr 1990 beginnt Janina – nachdem sie einen angenehmen Urlaub mit ihrem Papa und ihren Großeltern erlebt hat – außergewöhnlich liebevoll, gesellig und aufnahmebereit. Es ist eine Freude, sie juchzen zu hören, wenn ihr etwas Spaß macht oder sie sich über einen Besuch freut. Neulich, als der fünfjährige Dirk zum Spielen da war, »pirschte« Janina sich an ihn heran, aß im Restaurant ein Kinderschnitzel mit Pommes frites, ging mit spazieren, schlang plötzlich beim Abschied die Arme um seinen Hals und drückte ihm einen Schmatzer auf die Wange.
Im Keller entdeckte Janina ihren alten Kinderbuggy, und wir nahmen ihn mit nach oben. Als sie sich reinsetzte, erinnerte sie sich und grinste: »Rieckchen, nimm die Füße hoch«, rief ich damals oft aus. Jetzt schiebt und kurvt sie den Buggy selbst durch die Gegend.

Eine märchenhafte Träumerei oder die Suche nach dem Rabbi

Es war einmal eine Mutter, für die alles tot zu sein schien. Niemand und nichts auf der Welt konnte sie ernsthaft und dauerhaft lächeln und glücklich machen, obwohl sie tagelang, nächtelang, monatelang, Jahr für Jahr nach einem Menschen Ausschau hielt, der dieses Kunststück hätte vollbringen können. Als sie bei ihrer ruhelosen Suche nach einer rettenden, zärtlichen Hand im sechsten Jahr angelangt war, wollte sie aufgeben und wünschte sich nichts sehnlicher, als gen Himmel zu fahren, um den Rabbi zu suchen, vor dessen Tür einst Deborah mit einem einzigen grellen Schrei niederfiel.

Die Mutter lag in ihrem Bett und wußte nicht, wie sie es anstellen sollte, in den Himmel zu gelangen. Einer plötzlichen Eingebung folgend, zog sie sich rasch an und rannte, was das Zeug hielt, in die dunkle Stadt hinaus. Verwundert sahen die Leute, an denen sie vorbeihetzte, dem fremden Clown hinterher. In ihren langen Pluderhosen, dem dunklen Jackett, den schwarzen Ballerinaschuhen und dem glitzernden Schal glich sie – auch wegen ihres weißlich-blassen Teints – einer davonjagenden, maskenhaften Fledermausfigur. Und ihre nicht endenwollenden Tränen hinterließen spiegelnde Spuren.

Am Flußufer angekommen, beendete sie jäh ihre Jagd, um sich erschöpft ins Gras zu legen, und einer ohnmächtigen Müdigkeit nachgebend, fiel sie in einen tiefen Traum.

Sie träumte, der Mond und die Sterne riefen ihr zu, sie solle sich in die durchsichtige, glänzende Hängematte legen. Sie könne ruhig schlafen. Die Sterne würden sie hin- und herwiegen, der Mond würde sie in sein bernsteinfarbenes Licht tauchen und die Sonne sie mit

vielen Mohnblumen zudecken, auf daß sie nicht friere.
Gegen Morgen dann nahm die Sonne die Mutter schützend in ihre wärmenden Strahlenarme und begleitete sie zu dem weisen Rabbi, der einst im Buch Hiob Deborah gütig zugesprochen hatte. Er fragte die Mutter, welche Sorge sie denn so arg quäle.
Weinend erzählte die Mutter von ihrem Kind. In ihrem Herzen hatte sie zwei Bilder mitgebracht. »Schaut!«, rief die Mutter. »Dieser kleine Schelm, das ist mein Kind. Es ist schön, verschmitzt und lieblich. Es lächelt und versteht mich. Das aber ist auch mein Kind«, sagte die Mutter verzweifelt: »Es stiert blöde, verkrampft und krümmt sich, ängstigt sich, spricht nicht die irdische Sprache. Ich kann ihm nicht helfen, wenn es sich mir verschließt. Seine Hilflosigkeit macht mich hilflos, mein ohnmächtiger Zorn macht mich traurig, bitter und düster.«
Die Sonne und der Rabbi fühlten in den wenigen Äußerungen der Mutter ihr kaum aussprechbares Leid. Der Rabbi sah ihr in die von Tränen verdunkelten Augen und sprach: »Wenn ein Kind Schnupfen hat, weiß eine Mutter: Sieben Tage kommt er, sieben Tage geht er. Dann ist das kranke Kind wieder gesund. Aber für dein Kind gibt es kein Arzneimittel zu kaufen. In deinem Kind ist das gesunde Kind verlorengegangen. Dein Herz brennt vor Schmerz und bitterer Trauer. Doch vergiß nicht, was das Judentum uns auf den Weg gibt: Wir sollen die Finsternis hell machen! Wenn du dir die Möglichkeit nimmst, dich mit deinem Kind wohl zu fühlen, so ist das ein Stück Selbstmord. Und Selbstmord ist bei uns Juden verboten. Versuche den Weg zu finden, der zu deinem Kind führt. Trink nun aus diesem Kelch ein paar Tropfen Rotwein zur Stärkung; das wird dir helfen, nicht aufzugeben. Blicke in die Augen deines Kindes, sie werden dir zeigen, wie es um dein Herz steht.«
Die Mutter hatte die Worte des Rabbi in sich eingeso-

gen. Als sie sich verabschiedete, führte sie in Gedanken noch einmal das Gespräch mit ihm. Einerseits noch unsicher, aber andererseits schon zuversichtlicher, beschloß sie, wieder zur Erde zurückzukehren. Sie ging mit einem ersten hoffnungsvollen Lächeln zu ihrem Kind und drückte es an sich. Zufrieden lächelte das Kind, und die Mutter hatte den Eindruck, daß die kindlichen Augen nicht gleich wegschauten, als sich ihre Blicke trafen.

Janina ist nicht meine Freundin, sie ist meine Cousine, deshalb gehört sie zur Familie!

»Bei einem Kind mit Neigung zu autistischen Zügen müssen Sie aufpassen, daß sich keine ritualisierten Verhaltensweisen einschleichen«, sagt die Kindertherapeutin. Janina ist »Weltmeisterin« im Balldribbeln. Bis zu zwanzigmal und mehr gelingt es ihr spielend. Da staunen die Wiener Cousinen.

»Sie sollten vor dem Schlafengehen ein Ritual schaffen«, meint die Logopädin, »so werden wir irgendwann einmal das Kind motivieren, uns zu imitieren.« Gegenüber ihrem Bett habe ich Sterne und einen Mond an die Wand geklebt. Kurz vor dem Schlafengehen leuchtet ein Strahler die Aufkleber an. Wird das Licht gelöscht, scheint im Dunkeln der Sternenhimmel über ihr. Schon nach dem ersten Mal kennt Janina die Wandstelle, greift nach dem Teddy und wartet ab. Mond und Sterne wachen die ganze Nacht.

Morgen fahren wir nach Wien. Sieht Janina nach längerer Zeit alle Cousinen, Tanten und Onkel, Oma und Opa auf einmal und stürmt irgendwer zu schnell, zu laut und zu freudig auf sie zu, so verschließt sie sich rasch. Für Idith und Cigalit ist sie die Cousine, von der sie nicht genau wissen, wie sie mit ihr spielen können. Anders ist es mit Naomi und Miriam, weil wir stets im Hause meiner älteren Schwester wohnen. Die Kinder haben sich mittlerweile an Janinas Anderssein gewöhnt.

»Jani, Janina, Fröschlein«, ruft Naomi ihr zu und schenkt ihr einen Luftballon. »Laß uns Kitzeln spielen«, sagt die bald fünfjährige Naomi. Miriam ist acht und kommt sofort dazugelaufen. Mit Karacho wirft sich Naomi auf Janina. Miriam hingegen streichelt die Beine behutsam. Janina hält sich Augen und Ohren mit den Händen und Armen zu. Ein Risikospiel?

Wird die Freude die Angst überwinden können? Sie drückt sich fest in meine Arme, manchmal ertönt ein kurzes Lachen. »Janina, hör auf, deine Beine zu verkrampfen!« ruft Miriam aus. Wenn die Reihe an Naomi ist, von Miriam und mir gekitzelt zu werden, entspannt Janina sich während dieser Atempause. Am ehesten lacht sie noch, wenn Miriam und Naomi meinen, ich sei jetzt dran.

»Das ist ulkig, wenn sie sich freut, dann fuchtelt sie mit den Armen so herum. So ähnlich ist es bei mir, wenn ich traurig bin«, sagt Miriam und fragt dann, »warum lacht sie nicht laut, wenn wir sie kitzeln?« – »Sie ist traurig, weil sie nicht reden kann«, sagt Naomi. »Sie ist schon sechs, wahrscheinlich ist sie stumm und taub; also behindert«, meint Miriam. Zu mir gerichtet, fügt sie hinzu: »Weißt du, es ist doch nicht so schlimm. Wenn sie blind wäre, könnte sie nichts sehen. So wird sie vielleicht mal lesen und schreiben können. Letzte Woche beim Turnen habe ich an Janina gedacht. Da mußten wir Balldribbeln üben. Janina hätte immer gewonnen.«

Naomi fragt mich, ob ich auch oft so traurig sei, wie die Wiener Oma. – »Warum ist denn die Oma oft traurig?« frage ich. »Sie weint, weil Janina nicht sprechen kann«, antwortet Naomi. Ich erhebe kein Tränenvorrecht, denke ich. »Weißt du«, sagt Naomi, »Janina ist nicht meine Freundin, sie ist meine Cousine. Sie gehört zur Familie.« Inzwischen ist Miriam in ihr Zimmer gegangen und will für Janina ein Bild malen.

Naomi und Janina liegen in meinem Bett, ganz dicht beieinander. Sie lauschen Mozarts »Kleiner Nachtmusik«. »Wir sind jetzt wie Schwestern«, meint Naomi zu mir. »Wie du und meine Mami.« Naomi nuckelt am Daumen und hört, wie Janina ebenfalls am Daumen nuckelt und den Teddy im Arm hält, Laute äußert. Sie zeigt, daß sie sich wohl fühlt. Naomi streichelt über Janinas Wangen und nennt sie

beim Kosenamen »Fröschlein«. Janina streichelt einmal kurz über Naomis Wangen und sagt: »Ei.«
»Ich werde fünf, und Janina ist sechs. Ich möchte alle meine Cousinen einladen«, meint Naomi. »Janina wird nicht dabeisein können, wir fahren morgen nach Bonn; aber sie wird dir ein paar Kritzeleien und Klecksereien malen«, erwidere ich. Daraufhin äußert Naomi: »Ach, ich will auch keine Kinder bei meinem Geburtstag haben, die nicht spielen und lachen. Warum hat Janina immer so schnell Angst? Versteht sie mich überhaupt?« Mein Kind schiebt seine Hand in meine Hand, wärmt sich.
»Es ist schon spät«, ruft Miriam. »Wir wollten doch um fünf zum Rummel«, fordert sie uns auf. So gehen wir zum Luna-Park. Die drei Cousinen fahren Karussell. Mein Kind sitzt in der Feuerwehr, schaut die ganze Zeit zur Seite, wirkt aber sehr vergnügt. Beim Fliegen in einem Elefanten und beim Reiten auf einem sich mechanisch bewegenden Holzpony glucksen Naomi und Miriam vor Lachen. Janinas Augen drücken aufgeregte Freude aus.
Als wir uns in Richtung Achterbahn bewegen, kann sie es kaum erwarten. Naomi staunt über den Mut von Janina, die zufrieden zwischen beiden sitzt. Während Naomi und Miriam Zuckerwatte schlecken, freut sich Janina über ihren mit Reis gefüllten Luftballon, der bei jeder Berührung raschelt. Auf dem Heimweg wirkt Janinas Gesicht entspannt und offen.
Zu Hause angekommen, gelingt der Versuch, Janinas Blick auf eine Ente im Bilderbuch zu lenken. Naomi schmunzelt: »Weißt du noch, wie Janinchen gestern, statt die Enten im See zu füttern, selber am Brotkanten knabberte? Nur die Krümel warf sie ins Wasser. Kann Janina mit uns baden?«
»Ja-ja-ja«, äußert mein Kind.

Traum von der Zerstörung der gläsernen Wand

Einst auf der schwäbischen Alb, nahe bei Reutlingen, stieg eine Mutter mit ihrem ICH und ihrem ES in eine Grotte. Grüne Farne, Moos und Flechten umrahmten geheimnisvoll den Grotteneingang. ICH und ES waren auf der Suche nach einem warmen, hohlraumartigen Zufluchtsort unter der Erdoberfläche, um den Brüchen, Verschiebungen, der Erstarrung auf der Erde zu entgehen. Unten angekommen, schossen dem ICH und dem ES aus Deckenspalten Stalaktiten entgegen, die wie zapfenförmige Salztränentropfen herabhingen. Der Tränenguß war so stark, daß das ICH und das ES auch von Stalagmiten umringt wurden, die wie aufsteigende Tropfsäulen aus dem Boden emporwuchsen. Hand in Hand aneinandergeklammert, schützten sich das ICH und das ES vor der drohenden Gefahr, umzuknicken oder auszurutschen. So gingen beide vorsichtig in der feuchtwarmen Höhle spazieren, begleitet von zwölf Fledermäusen, die sich als Weggefährten in der Schwerelosigkeit zu ihnen gesellten. Für einen Moment nur lösten das ICH und das ES ihre Umklammerung, da baute sich eine gläserne, durchsichtige Wand zwischen ihnen auf. Die Luft wurde schwer, an dem Glas lief die Feuchtigkeit in Tropfen herunter.

Das ICH stand davor, das ES dahinter, oder war's umgekehrt?

Das ICH war nicht das ES, obwohl das ES vor sieben Jahren im ICH war. Das ICH rutschte mit den schlangenförmigen Bewegungen einer Bauchtänzerin auf die Knie, um die Körpergröße des ES zu erlangen. Denn das ES wollte das Gesicht des ICH mit seinen Fingern ertasten. Durch die Wand, welche zwischen ihnen stand, konnte das ES allerdings nichts fühlen.

So trommelte das ES mit beiden Fäusten gegen die gläserne Hürde, die daraufhin klirrend zerbrach. Mit hundertzwanzig blutigen Splittern stiegen das ICH und das ES gemeinsam wieder dem Tageslicht entgegen. Dem ES kräuselten sich die sonst glatten Haare, dem ICH hingen die wellenförmigen Locken wie Schnittlauch herab.

Selig, voller Lebenslust, fielen sich das ICH und das ES in die Arme und bildeten eine Einheit.

Das Band, das sich nicht zerreißen läßt

Sechs lange Wochen war das Kind mit dem Vater auf Reisen gewesen. Neben der eifrigen Helferin, die dem Vater zur Seite stand, hatte er selber sich mit liebevoller Fürsorge um das Wohl des Kindes gekümmert. Die Mutter schöpfte während der Trennung vom Kind Mut und Kraft für die gemeinsame Zeit nach der Rückkehr. Bald war es soweit. Eines Spätnachmittags erschien das Kind mit dem Vater an der Gartentür. Es klingelte einmal. Die Mutter jubelte und lief zur Tür, da klingelte der Vater ein zweites Mal. Die Mutter bemerkte, daß sie ihren Schritt verlangsamt hatte. Sie öffnete die Tür. Zehn Meter entfernt von ihr stand das Kind neben dem Vater. Eine Sekunde lang schaute es ein wenig verschämt zur Mutter, um ihr dann – den Teddy fest im Arm haltend – in die geöffneten Arme zu laufen.

Die Mutter schloß die Arme um das Kind, warf es in die Luft, fing es auf, drückte es an sich, drehte sich im Kreis und sang zur Begrüßung vertraute jiddische Lieder. Noch nie zuvor hatte das Kind die Mutter mit solch strahlend klaren, blauen Augen angeschaut. Der Mutter schien es, als ob sie das kindliche Herz frohlocken hörte. Ungekannte kindliche Töne und Laute voller Wärme und Freude schenkte ihr das Kind zur Begrüßung – gepaart mit einem liebevollen Gesichtsausdruck. Das Kind kuschelte sich erst an die Mutter, klammerte sich dann an sie und schaute sie ständig an. Beide fühlten sich wohl in gegenseitiger Nähe. Zusammen legten sie sich nieder. Währenddessen machte der Vater im Hause einen Rundgang und schaute, ob alles seine Ordnung hatte. Unter Mithilfe des Kindes zog die Mutter ihm die Kleider aus. Ein kleiner Nackedei tobte um sie herum. Da kam der

Vater hinzu und wollte sich mit der Mutter unterhalten. Mit einer Handbewegung signalisierte die Mutter ihm, daß er sie in Ruhe die Nähe des Kindes genießen lassen sollte. Er verstand und verschwand wortlos in einem anderen Raum. Das Kind sprach nicht mit der Mutter oder mit dem Vater, weil es nicht konnte. Der Vater sprach oft nicht mit der Mutter, weil er nicht wollte. Die Mutter sprach oft noch zum Vater, obwohl er für sie keine Zeit hatte.

Mutter und Kind genossen das Wiedersehen. Gerade als das Kind auf seine Weise der Mutter etwas mitteilen wollte, kam der Vater wieder herein. Jetzt wollte er auch mit der Mutter reden; über das Kind sprechen, ihr Instruktionen im Umgang mit ihm geben. Die Mutter aber wollte lieber ihrem Kind zusehen und zuhören. Der Vater erwartete nun, sie solle ihn anschauen, er habe ihr wichtige ärztliche Neuigkeiten über das Kind von Professor Reuven Feuerstein mitzuteilen. Die Mutter dachte an Fred Feuerstein, die Comicfigur aus der bekannten Fernsehsendung »Familie Feuerstein« aus der Steinzeit. Beharrlich fügte der Vater hinzu, es ginge um die Sprachförderungstherapie. Daraufhin mußte die Mutter dem Vater zuhören.

Er war beeindruckt von der Idee, die Therapievorstellung eines Professor Feuerstein würde das Kind heilen. Es war das erste Mal, daß er ihr verhaltene Vorwürfe machte und Instruktionen gab: Deutlich, präzise sollte sie mit dem Kind sprechen, ihm nichts mehr vorsingen. Der Vater schwor auf eine Therapieform, ohne sie ihr inhaltlich zu erklären (er drückte ihr zwei englische Fachbücher des Professors in die Hand) und ohne genau zu wissen, was in den durchgeführten Therapien tatsächlich geschah. Das Singen war bisher die wichtigste Möglichkeit, um mit dem Kind überhaupt in Kontakt zu kommen. In der Zeit größter Hoffnungslosigkeit gab es der Mutter einen kaum sichtbaren Weg in die verschlossene Welt ihres

Kindes. Deshalb verletzten sie die Worte des Vaters, der davon nichts ahnte.
Schließlich verabschiedete sich der Vater, und Mutter und Kind aßen zusammen Abendbrot. Die Mutter gab dem Kind auch eine Gabel in die Hand für das »Ich und du-Spiel«. Die Mutter zeigte auf sich und sagte, »einmal ich«, und piekste mit der Gabel in das kleingeschnittene Butterbrot, »und einmal du«, zeigte mit dem Finger auf das Kind, das versuchte, mit der Gabel ein Stück aufzuspießen. Wenn es gelang, freute sich das Kind. Später legte sich das Kind zufrieden ins Bett, drückte den Teddy fest an sich und sagte »Ich«. Es drehte sich um, drehte der Mutter den Rücken zu. Die Mutter hörte, wie das Kind erst »Ne« sagte, dann »Nela«, ihren Vornamen. Das Kind schlief friedlich ein. Die Mutter schaltete das Nachtlicht ein, ging aus dem Zimmer und dachte: »Ich werde seine Worte in meinem Gedächtnis einfrieren, um sie zu konservieren; denn ich werde monatelang davon zehren müssen.«
Einige Zeit später klingelte das Telefon. Der Vater erkundigte sich, wie das Kind gegessen habe und ob es gut eingeschlafen sei. Die Mutter fragte ihn, warum sie in ihren zahlreichen Telefongesprächen nicht rechtzeitig von den ärztlichen Neuigkeiten erfahren habe und ob er ihr nicht an einem Extratermin davon hätte berichten können.
Sie blieben sich die Antworten schuldig; sie hatten zu wenig Verständnis füreinander.

Therapierte Mutterliebe

Kennst du die stolze Freude einer Mutter, wenn sie ihr Kleinkind das erste Mal Mama sagen hört?
Janina war zweieinhalb Jahre, als ich mich schlafend stellte, sie beim Einschlafen beobachtete. Aus ihrem Musikzwerg, an dessen Schnur wir gemeinsam gezogen hatten, drang ein Schlaflied zu uns herüber. Sie hielt den Teddy fest in ihrem rechten Arm. Sie murmelte »Gugi, gugi«, was ich als »ich gucke« verstand. Sie tastete mit ihrer linken Hand mein Gesicht ab, und plötzlich sprach sie das lange von mir ersehnte Wort ganz kurz und leise aus: Mama.
Ich war glücklich und befangen zugleich. Würde sie Mama in den Alltag übernehmen? Heute ist Janina sieben Jahre alt. Zählte ich das Mama-Wort an meinen Fingern ab, müßte ich mit dem Daumen der zweiten Hand aufhören.
Einige Monate blieb ich während der Spieltherapie bei ihr. Mitten in einer Stunde – sie hatte ausgiebig den Sand in ihren Mund gesteckt und ihn wie eine Delikatesse genossen – drehte sie sich zu mir um und sagte »M«. Ein Jahr später, als ich mein Kind nur noch hinchauffierte, fragte mich die Therapeutin beim Abholen: »Heißen Sie Nela mit Vornamen?« – »Warum?« fragte ich. »Fünf Minuten vor Schluß erzählte ich Janina, ›die Mama kommt gleich‹, und sie sagte daraufhin verschmitzt ›Nela‹«, berichtete sie.
Liebe heißt, freudig aufeinander reagieren. Die psychische Bindung zwischen Janina und mir ist sehr eng, daher erlebte ich ihren Spannungswechsel – mal beziehungsfreudig, mal kontaktarm – als bedrückend. Jeder Augenblick, in dem sie mir oder ihrem Vater zeigt, daß sie uns liebhat, ist ein besonderer. Trotzdem stimme ich einem speziellen Programm nicht zu,

das versucht, dem Kind »Mama« oder »Papa« zu entlocken. Je stärker ich die innere Nähe zu Janinas Anderssein empfinde und sich ihr wachsendes Ich entwickelt, desto öfter genießen wir auch ausgelassene Momente.

Vor kurzem brachte sie mir das »Ballonspiel«, ein Farbzuordnungsspiel. Noch vor einem halben Jahr hätte ich meine kribbelige Ungeduld nicht zurückhalten können, zu testen, ob sie die Farben – rot, orange, weiß, gelb, grün und blau – unterscheiden kann. Wir begannen zu spielen, sie schob scheinbar gedankenverloren den grünen Kreis hin und her. Als sie ihn zielsicher über den grünen Kreis, das Pendant auf der Pappkarte, gleiten ließ, sah ich ihr Grinsen und wie sie mich beobachtete. Der Schalk in ihren Augen blitzte! Spontan rief ich aus: »Du bist eine kleine Räuberhexe!«, und wir lachten zusammen.

Die Träumerin

Die Frau lebte mit ihrem Kind in einem idyllischen Vorort. Ein Schatten verdüsterte ihr Leben. Sie pflegte keinen freundschaftlichen Kontakt mit anderen, aus Angst, diese könnten im Vorübergehen Fragen an sie richten. Sie mied den Spielplatz im Park nebenan, weil das Geplauder ringsum sie zum Aufbruch trieb.

Abends, wenn das Kind schlief, entspannte sie sich eine Weile im Korbsessel auf der Terrasse. Sie war Sternguckerin, die neue Sterne sucht. Eines Nachts ging sie in ihr Zimmer und zog die Gardine zu. Eine lange Zeit betrachtete sie die erbleichenden Sonnenblumen, die sie auf die Gardine gemalt hatte. Als sie in ihrem Bett lag, dachte sie an ihr sonnenloses Dasein. Sorgenfalten hatten sich eingeritzt. Ihre Augenlider senkten sich; bleierne Müdigkeit kam über sie. Der Schlaf holte sie ein, und sie träumte.

Es war ihr, als ob das Bett sich in die Luft hob, mit ihr durch die Nacht sauste. Auf halbem Wege verwandelte es sich in eine Wolke. Darauf saß ein griesgrämiger, einsamer Geist, der sich kaum festzuhalten vermochte. Kein Mensch auf der Erde bemerkte etwas. Der Wind fror, und um sich aufzuwärmen, wirbelte er durch den Himmel. Da es immer kälter wurde, bildeten die Wassertropfen, die in der Wolke erstarrten, Eisstücke auf den Augen des Geistes. Dadurch erschienen seine Pupillen wie gespenstische Kristallpunkte. Aus seinem eisigen Blick fielen Schneeflocken zur Erde. Einige schwebten, staubten Wege ein; andere taumelten trunken, als ein Windstoß sie nochmals aufwirbelte, landeten dann auf buckeligen Hügeln, um sie mit ihrer Pulverdecke einzuhüllen. Alle Schneeflocken jedoch formten in der Luft ein sechszackiges Muster. Dem Geist wurde es kalt. Er rieb die Hände aneinander und pustete auf seine Finger. Mit seinem Atem brachte er eine weiße Flocke nach der anderen wie einen Stern zum Funkeln, so daß sie wie bunte Nachtlaternen die beängstigende Dunkelheit aufhellten. Eine graue Schleierschleppe zog über die Augen des Geistes. Scheinbar erblindet, konnte er das sechsfarbige Geheimnis nicht erraten. Verwirrt suchte er in der Nacht den Wunderrabbi, der im Himmel wohnte. Der Rabbi verstand sich auf die Auslegung von Träumen, kannte die Bedeutung von Mineralien, außerdem sprach er mit Seelen noch lebender Menschen und gab freundlich jedem Rat.

Sturm wütete, eisiger Wind blies, riß auf der Erde Blätter von den Bäumen, brach Äste ab. Hagelkörner prasselten auf Hausdächer, Eiszapfen sausten wie Schwerter von den Regenrinnen. Die tosenden Windböen verursachten beträchtlichen Lärm, so daß der Wunderrabbi aufmerksam wurde.

Er kam in die Nähe des Geistes, stand vor ihm. Der Geist bat ihn um Rat, wie er erneut zum Leben erweckt werden könne, um mit den Menschen wirkliche Freundschaft zu schließen. In seinem vorherigen Leben war er immer zu mißtrauisch gewesen. »Was siehst du in meinen Augen?« fragte er den Rabbi. »Es ist der Kampf widerstreitender Gefühle jener Mutter, die mit ihrem Kind auf Erden wohnt«, antwortete der Rabbi und fügte hinzu: »Nur wenn ihre Liebe sich in deinen Augen widerspiegelt, kannst du neu zum Leben erweckt werden.«

Als die Träumende das hörte, schrie sie sich fast die Seele aus dem Leib und erwachte. So erschrocken war sie über das Geträumte, daß sie sich erst einmal die Ohren zuhielt. Sie schob dann die Gardine beiseite, öffnete das Fenster und schaute hinaus. Sie sah bernsteinfarbene Sterne glitzern. Sie setzte sich hin, hüllte sich in eine Wolldecke und begann über das Geträumte nachzudenken. Als sie so erschöpft dasaß,

wurde sie müde. Ein paar Mal nickte sie ein. Dann fiel sie erneut in einen unruhigen Schlaf. Kühle Luft erfüllte das Zimmer. Und als sie schlief, träumte sie einen anderen Traum.
Es war ihr, als ob die Nacht herabsank, mit gierigen Händen die Sterne umschloß. Dadurch erschien das Leuchten wie ein zitternder Schimmer. In trüben Flecken kündigte sich eine Nebeldecke an. Durch das frostige Heulen des Windes schlugen die Äste der Bäume wie klirrende Degen aneinander. Irritiert ging sie zum Fenster. Beim Hinausschauen entdeckte sie voller Entsetzen eine Veränderung am Gartentor: Eine schwarze, große Decke war als Überhang darübergelegt und festgenagelt worden. Sie erkannte die Gestalten ringsum nur schemenhaft. Zwei Räuber fuchtelten nervös mit Pistolen herum. Kalter Schauer durchlief sie, denn sie kannte niemanden, den sie um Hilfe rufen konnte. Ihr war angst und bange, die beiden Diebe könnten ihren Leib rauben. Mit einem Mal wurde es ohrenbetäubend laut.
Von dem Höllenspektakel wachgeworden, riß die Träumende vor Schreck Augen und Mund auf: Was war das für ein Überfall?
Als sie das geöffnete Fenster schloß, stellte sie beruhigt fest, daß der Alptraum ihrem Grashüpferhirn entsprungen war. Sie ging ins Kinderzimmer und hörte den gleichmäßigen Atem ihres schlafenden Kindes. Sein Anderssein hatte erst spät Vorzeichen ausgeschickt. Sie legte sich ins niedrige breite Kinderbett und glitt langsam wieder in den Schlaf. Sie hob von der Erde ab und träumte:
Es war ihr, als ob eine Elefantenhorde in Richtung Haustür gelaufen käme. Von Panik ergriffen, raste sie zur Tür, um sie zu verriegeln; machte ein paar unbeholfene Bewegungen, stolperte. Wenn nur ein Elefant ins Haus stürmt, werden sie uns plattdrücken, überlegte sie entsetzt und wünschte sich in Windeseile die Umwandlung in einen weißen, giftigen, stacheligen

Kugelfisch, der sich bei Angriff mit Luft aufbläht. Platzte diese ungenießbare Hautblase, gingen Geräusche trommelnder Geisterstimmen den Elefanten unter die Haut, phantasierte sie draufgängerisch.
Ihre Gedanken wurden durch ein dezentes Türklopfen unterbrochen. Erstaunt öffnete sie. Beim Eintreten meinte der graue Elefant freundlich: »Keine Sorge, wir Elefanten wollen dich nur einladen. Du kannst auf uns in Richtung Lagerfeuer reiten. Dort wollen wir zusammen ein Fest feiern.« Verdattert starrte die Frau den Elefanten an und piepste: »Hallo.«
Ihr Begrüßungswort an den Elefanten verwirrte die Träumende. Sie rührte sich und begann langsam aufzuwachen. Ihr Leib fühlte sich wie gelähmt an. Eine darin tief verborgene, fortschreitende Angst, verlassen zu werden, tat ihr weh. Es war ihr, als ob sie stikkige und schwere Zimmerluft einatmete. Sie hustete, faßte sich an die verkrampfte Brust. Angesammelte Traurigkeit beherrschte sie. Sie hatte vergessen wollen, daß sie sich nach Geborgenheit sehnte. Jetzt schmerzten Tränen, die ihr Augen und Kehle füllten, sehr. Vor diesen nassen, warmen Spuren war sie stets weggelaufen.
»Ausatmen, ganz vorsichtig einatmen«, gab sie sich selbst die Anweisung. Hatten in ihrem Leben Freunde vergeblich bei ihr angeklopft? Sie hielt das Gesicht in ihre Hände vergraben, stocherte in ihrem schmerzenden Kopf herum, wann sie die ersten Einsamkeitszeichen übersehen hatte. Tränen flossen unordentlich hinab. »Wie sich wohl Lebensfreude anfühlt?« dachte sie. Ihre Augen ruhten eine Weile auf dem schlafenden Kind. Das machte sie wieder schläfrig.
Im Traum bemerkte sie eine Veränderung in der Luft: Schneeschmelze und graues Tauwetter setzten ein. Da erkannte sie den auf einer Wolke fliegenden Geist. Die Eiskristallkruste in seinen Augen begann einzureißen. Der Geist klappte vorsichtig die noch verkleb-

ten Augen auf. Der restliche gefrorene Schleier auf den Lidern wurde porös und fing an zu schmelzen. Tränen liefen wie Wasser die Wangen entlang. Die verspannten Augen glätteten sich; anfangs noch etwas verschwommen, blickte er hinunter:
Kalter Regen ergoß sich über Hausdächer, prasselte an Fensterscheiben, überschwemmte undichte Keller. Nur eine Wasserpfütze und sechs zerbrochene, farbige Steine – jadegrün, bernsteingelb, zinnoberrot, quarzblau, amethystviolett und feuersteinschwarz – blieben als Überbleibsel im Himmel zurück. Von den zerbrochenen Steinen, die magische Kräfte besitzen, hatte der Geist je einen Zacken als Geschenk vom Rabbi erhalten. Damit schickte er die Seele des Geistes, die aus dem Körper herausgegangen war, zurück zu ihrer Eigentümerin. Mutiger und farbenfroher traute sich die Seele die Rückkehr in die lebendige Welt zu; zuversichtlich trat sie die Reise zur Erde an, die mit vielen Hindernissen verbunden war.
Als die Träumende sich die unebenen Wege vorzustellen begann, wachte sie auf. Durch das Fenster drang Tageslicht. Sie blinzelte, wie jemand, der ohne Sonnenbrille in die Sonne schaut. Spiegelte sich noch verschwommen der entweichende Geist in ihren Pupillen? Weinen hatte im Weiß ihrer Augen eine leichte Rötung hinterlassen. Sie stand auf, schmückte ihr Haar mit einem Reifen, deckte mit Beige dunkle Augenränder ab, schlüpfte in ihre Pantoffeln und zog einen Bademantel über.
Unterdessen betrachteten die aufwachenden Kinderaugen die Mutter. Sie beugte sich über das Kind, umarmte es, gab ihm ein paar Küsse. Das Kind schlang lautlos die Arme um ihren Hals und blinzelte ihr zu. Es tatschte stumm mit einer Hand ihr Gesicht ab; die andere Hand schob sich in die linke Mutterhand, wärmte sich. Es versprach, ein Frühlingstag zu werden. Als sie zusammen auf die Terrasse gingen, staunten sie über sechs farbige Steinchen, deren angebro-

chene Zacken wie Sterne aussahen. Das Kind hob die kleinen, bunten Steine auf, legte sie in seinen Buddeleimer. Die Mutter sagte dem Kind, sie wolle ihm daraus eine Kette basteln. Denn bei Reibung entwikkelten die Steine magische Kraft: Jade heilt Augenwunden, Bernstein schützt die Bronchien und verleiht dem Träger Beliebtheit, Zinnober verspricht Langlebigkeit, Blauquarz kämpft gegen Tatenlosigkeit an, Amethyst hilft gegen Alpträume, Feuerstein stellt Freundschaft her. Das hatte sie einst in einem Heft über Edelsteine gelesen.
Inzwischen spielte die Mutter mit ihrem Kind Verstecken: »Eins, zwei, drei, vier, fünf, sechs, sieben, wo ist mein Rieckchen geblieben?« Und der Himmel, der sie belauschte, hörte beide lachen.

Sprache?

Das Kind sagt ein paarmal PAPA
Das Kind sagt fünfmal MAMA
Das Kind sagt zweimal NELA
Das Kind sagt mehrmals ICH
Das Kind sagt manchmal RIEKE
Das Kind sagt viele Male JA
Das Kind ruft DA
Das Kind meint DU
Das Kind sagt einmal NEIN
Es guckt Kindern zu
Und weint stumm
Es läuft zu Mutter und Vater
Und ist nicht allein.

Manchmal läßt es sich träumen – manchmal nieselt es Tränen

Manchmal läßt es sich mit Janina träumen. Manchmal stellt sich für einen Augenblick ein Ziehen im Herzen, ein Drücken im Magen, eine Verhärtung im Rücken ein. Dann läßt es sich nicht schlafen und nieselt Tränen. Meine Augen sind danach stundenlang empfindlich und müssen mit einer Sonnenbrille geschützt werden.

Als Janina drei Jahre alt war, freute ich mich, wenn ich einen streifenden Blick von ihr erhaschen konnte. Ihr Kinderzimmer war von dem Wohnbereich weit entfernt, daher ließen wir eine Gegensprechanlage installieren. Alon und ich saßen in der Küche, als wir per Lautsprecher ein melodisches Summen vernahmen. Wir hörten, wie Janina alleine in ihrem Bett »Alle meine Entchen...« summte. Als sie später mit uns in ihrem Kinderstuhl am Tisch saß, beklatschten wir sie überschwenglich mit Bravorufen. Wir ernteten einen bitteren Blick, und ihr Summen ertönte nie wieder.

Fühlte sie sich durch uns belauscht? Die unerwartete Zuwendung und Freude hatten sie offenbar erschreckt, und sie begann sich zu verschließen. Wir mußten lernen, ihre Fortschritte vorsichtig dosiert zu loben – was uns zunächst für viele Monate in unserer Spontaneität sehr beeinträchtigte.

Als sie fünf Jahre alt war, erwarteten wir den Besuch ihrer Cousinen aus Wien. Janina stand lange vorher erwartungsvoll am Fenster. Als Miriam und Naomi endlich ankamen, klingelten, laut und freudig hineinstürmten, fiel sie in eine angsterfüllte Erstarrung. Janina war überfordert und konnte die tatsächliche Ankunft ihrer geliebten Cousinen nicht verarbeiten. Miriam und Naomi mußten allein spielen, und ich trug

voller Panik mein verkrampftes Bündel in mein Zimmer. Ich wartete eine Ewigkeit, in der ich ihr schützend und beruhigend über die Haare strich, daß sie sich wieder rühren würde. Sie hatte sich mir und der Welt verschlossen. Ich massierte behutsam ihre Fäuste und versuchte sie zu öffnen. Ihre lautlosen Tränen machten mich verzweifelt, sie drückte ihr Gesicht an mich. Ich dachte als Mutter an meine Mutter und fühlte mich durch Janinas Leid an meine alte Sehnsucht nach Geborgenheit erinnert. Tröstend summte ich leise die jiddische Melodie: »Wie nehmt man a bisl Masel, wie nehmt man a bisl Glück, das Räderle soll sich schon drehen und bringen mein Masel zurück ...«
Ich sah, wie sie sich langsam beruhigte, und irgendwann, nach vielleicht einer halben Stunde, durch geduldiges Streicheln und leise Worte, öffnete sie sich aus ihrer totalen Verkrampfung. Ich hielt ihren entspannten Körper noch längere Zeit in meinen Armen. Das Damoklesschwert eines eventuell ausbrechenden Anfallsleidens hing noch über uns, doch diesmal hatten wir die Eingabe eines krampflösenden Medikaments noch umgehen können.

Naomi und Miriam waren wieder gegangen. Janina fühlte sich lebendig an. Ich rief meinen Mann an, der wenig Zeit hatte. Die Worte blieben mir im Hals stekken. Auf den Telefonhörer, in den ich hineinkriechen wollte, um mich zu verstecken, regnete es Tränen.

Da hörte ich die Schlafzimmertür aufgehen. Ich konnte das Tippen auf meiner Schulter spüren. Es war Janina. Sie legte den Arm um mich und schaute mich kurz an.

Der ängstliche Schmerz, allein zu sein mit dem Gedanken, warum mein Kind so leiden muß, hatte mich hilflos gemacht! Durch Janina verflüchtigte sich dieses Gefühl und verwandelte sich in ein kleines, angenehmes Empfinden. Einen gemeinsamen Augenblick lang.

Hauptsache, sie ist glücklich

Wie geistig behindert muß ein Kind sein, um nicht zu spüren, zu sehen, zu hören, zu erfassen, daß es fast alles langsamer lernt als andere oder nie lernen wird?
Hanna ist vier Jahre jünger; bei einem Besuch gelingt es ihr fast sogleich, den richtigen Schlüssel ins Schlüsselloch zu stecken und umzudrehen. Als Janina das sieht, verzieht sie ihr Gesicht. Dann haben wir es auch zusammen probiert. Ich schaue in ihr Gesicht, das daraufhin fröhlicher aussieht, mit den Augen schaut sie ein wenig verlegen zur Seite.
»Janina jammert«, meint Hanna und möchte mit ihr nach oben gehen, zum Trampolin. Dort halten sie sich an den Händen fest. Hanna kann schon etwas hopsen, Janina ist noch etwas staksig dabei. Aber sie mögen sich.

Janina kombiniert

Janina möchte die neuen Wachsmalstifte haben. Ich gebe sie ihr. Statt zu malen, leckt sie sie ab, nimmt alle aus dem Karussell heraus. Es entsteht ein 21-Stifte-Chaos. Dazu habe ich keine Lust und lege die eingesammelten Stifte nach oben auf den Kamin, was sie ärgert.
Sie möchte die Stifte nun auf jeden Fall und zeigt auf die Stelle. Ich aber befürchte, daß sie sie »nur« in den Mund steckt, und ich möchte, daß sie weiter an der Geburtstagskarte für Naomi malt.
Plötzlich holt sie ihren Kinderstuhl und steigt darauf. Ich sehe, daß sie angestrengt nachdenkt. Der Stuhl ist zu niedrig. Er reicht nicht aus. Da holt sie ein Kissen hinzu, was mich schmunzeln läßt. Sie merkt, daß es wackeliger wird und trotzdem nicht reicht. Sie kommt zu mir und führt mich zur Leiter. Ich »will« aber immer noch nicht. Sie geht zum Kamin zurück und entdeckt einen schmalen Rand. Kurzerhand klettert sie rauf und holt sich die Stifte herunter. Und wie sie strahlt! Ich bin begeistert.

Wie ein Hexenschuß für einen Moment zu einem gemeinsamen Glücksgefühl wurde

Ich ging in den Waschkeller, um die Wäsche aus der Maschine zu nehmen und sie auf die Wäscheleine zu hängen. Janina folgte mir auf Schritt und Tritt und hielt sich an meinem halblangen, flatternden Rock fest. Sie half mir, die nassen Strümpfe, Pyjamas und T-Shirts in den Wäschekorb zu legen.
»Hilfst du mir auch, die Sachen aufzuhängen?« bat ich fordernd.
»Ja, ja, ja«, sagte Janina. Sie nahm Strumpf für Strumpf aus dem Korb heraus und legte alles auf den Wäscheständer. Einige weiße Strümpfe fielen auf den gekachelten Kellerboden. Schnell griff Janina nach einem weißen Strumpf und wischte damit einmal hin und her. Der Strumpf bekam dadurch einige grau-gestreifte Flecken. »Du kleiner Schlingel; du bist doch eine Knalltüte«, schimpfte ich im Scherz. Als ich mich bückte, machte ich offenbar eine falsche Bewegung, denn beim Hochkommen zog ich mir fast einen Hexenschuß zu. Ich machte ein paar Verrenkungen, dann ging es wieder einigermaßen.
»Ach, je«, sagte Janina, die mich beobachtet hatte, und lachte verschmitzt, quietschend und schadenfroh: »Ha, ha!«
Ich lachte mit; denn mein sonst so stummes Kind hatte einen Laut geäußert und kurz lauthals gelacht.
Zusammen gingen wir ins Wohnzimmer. Ich sang das Lieblingslied meiner Mutter:
»Tschiri bim, tschiri bom,
Tschiri bim, bam, bim, bam, bim, bam, bom!
Tschiri, tschiri, tschiri,
Tschiri, tschiri, tschiri,
Tschiri bim, bam, bim, bam, bom!«
Janina hatte ihre Holztrommel geholt und trommelte

im Takt dazu. Anschließend legten wir uns beide in die schwarze Hängematte, und beim Kuscheln und Schmusen schlich sich ungefragt die Pädagogik als Muß ein: Körperwärme ist das Wichtigste für ein Kind. Spinnweben hingen an meinen Gedanken.
Dann dachte ich an den alten, krummen Mann, der einst auf Krücken zum Wunderrabbi gekommen war und als er ihn verlassen hatte, wieder gehen konnte. So endet das alte jiddische Lied »Tschiri bim, tschiri bom!«

Eine Nacht mit Deborah in Stuttgart

Deborah ist ein kleines, hellblondes Mädchen und wohnt in Stuttgart. Eigentlich habe ich gerade Erholungsurlaub von meiner kleinen, blonden Janina genommen, was bedeutete, mal nachts nicht von ihr aufgesucht zu werden. Einmal nicht mitten in der Nacht durch ihre Trippelschritte geweckt zu werden und zu sehen, wie sie, den Schlafteddy im Arm haltend, mit dem Finger auf mein Bett zeigt. Wenn ich dann ihren Kosenamen sage: »Na, dann komm, Riekchen«, wirft sie sich schnell in mein Bett, Augen zu, drückt sich an mich und schläft wieder ein.

Deborah in Stuttgart hat ein großes Bett. Sie sagt: »Du darfst mit mir in dem großen Bett schlafen. Aber eine Gutenachtgeschichte mußt du mir vorher erzählen.«

Zum Baden vorm Zubettgehen nimmt sie mich mit. Am liebsten wäre es ihr, ich würde einfach auch in die große Badewanne hineinspringen. Sie plantscht voller Freude im Wasser, unternimmt kleine Schwimmzüge, schraubt Flaschen auf, freut sich, wenn sie ein wenig Shampoo dazugeben kann. Sie lacht und singt mit mir ein paar Kinderlieder, mit besonderer Freude »Alle meine Entchen...«.

Unwillkürlich schleicht sich meine Janina in meine Gedanken. Wenn sie badet, öffnet sie auch gerne Badeflaschen und läßt den Inhalt auslaufen, lauscht dem Rauschen des Wassers aus dem Wasserhahn, spielt mit Badeschaum und Schwamm. Sie lächelt, wenn ich ihr, wie hier und jetzt Deborah, »Alle meine Entchen...« vorsinge. Schwimmzüge wie ein Fisch unternimmt sie jedoch nicht, vielmehr sitzt sie wie ein kleiner Frosch in der Wanne, um ihr Gleichgewicht nicht zu verlieren. Meine Janina ist gehandikapt. Wir schei-

nen gemeinsame, ausgelassene Fröhlichkeit in vielen Proben geübt zu haben.
Später, nach dem Abendessen mit der Großfamilie in Stuttgart, geht Deborah schlafen.
Viele Stunden danach lege ich mich zu ihr in das große Bett. Sie kuschelt sich an mich, weil sie im Tiefschlaf wohl meint, ich sei ihre Mutter. Ihr Umfassen ist ein liebevolles Ankuscheln. Wenn Janina sich ankuschelt, dann drückt sie sich an mich, als ob sie wieder in den schützenden Bauch zurückkriechen möchte.
Ich schaue die friedlich schlafende Deborah ein wenig an. Bei meiner Tochter wende ich mich manchmal ab, aus Sorge, sie könne mich aus innerer Anspannung, aus Versehen plötzlich kratzen, mir ins Auge pieken; ihr plötzlicher Beinstoß schmerzt durchaus.
Deborah ist vier Jahre und schläft ohne Windeln. Janina ist sechs Jahre und schläft mit Windeln.
Irgendwann nachts im Halbschlaf wird Deborah durch die körperliche Nähe ein wenig wach und sagt: »Mama, ich hab' dich lieb.« Sie fährt dann fordernd fort: »Mach mir ein Fläschchen.« – »Deborah«, höre ich mich sagen und streichle ihr dabei über den Kopf, »ich bin nicht deine Mama, ich bin Janinas Mama.« Während Deborah ihr Köpfchen geschwind wieder in ihr Kopfkissen vergräbt, um sofort weiterzuschlafen, denke ich an meine Tochter.
Zu Hause bin ich es, die nachts stets zu Janina sagt: »Ich hab' dich lieb.« Dann bebt ihr Körper vor Freude. Reden kann sie nicht. Drei Tränen fallen auf mein meergrünes Nachthemd, und die drei Punkte färben die Stelle dunkelgrün. Ich schiebe das drohende Aufbrechen meiner eingebuddelten Schmerzen weg.
Ich schlafe so lange, bis mich morgens Deborah weckt, indem sie mit piepsender Stimme einen Wekker imitiert. Als ich mich verschlafen recke, meint sie: »Dein Nachthemd ist ein bißchen verschrumpelt, die Pinguine sitzen schief.«

Ein Tag in einem Therapiezentrum

Wir fragten einen Arzt und einen Psychologen nach dem Grad von Janinas geistiger Entwicklungsstörung, nach dem möglichen Vorliegen von Autismus und ob Janinas Anderssein psychisch verursacht ist.

Bestandsaufnahme:
»Die Eltern leben seit zwei Jahren getrennt. Das Kind lebt bei der Mutter, wird in dreiundzwanzig Tagen sieben Jahre alt. Das Mädchen ist zufrieden und fröhlich, läuft am liebsten umher und spielt gerne Ball. Beim Begrüßen nimmt sie kurz Blickkontakt auf, lächelt und kommt einfachen Aufforderungen der Mutter nach. Sie macht den Eindruck eines gut geförderten Kindes mit kognitiven Einzelleistungen. Janina spricht nicht, vokalisiert aber in melodiösen Silbenketten. In der Motorik zeigt Janina Fertigkeiten, wie sie manches vier- bis fünfjährige Kind nicht schafft. Sie kann höchst geschickt den Ball prellen, fangen, werfen, zu unserem Erstaunen. Bei Janina zeichnet sich seit vielen Jahren eine schwere geistige Entwicklungsstörung ab, bei der zu keinem Zeitpunkt der Entwicklung von einer psychischen Verursachung ausgegangen werden kann. Wir waren betroffen, von der Mutter zu hören, daß sie sich die Frage ihrer Mitverantwortung von Janinas Entwicklungsbild stellt. Die fehlende Sprache ist im Rahmen der geistigen Behinderung und der leichten autistischen Züge zu sehen. Das auffälligste Merkmal besteht darin, daß Janinas Gesicht keine Ähnlichkeit mit ihren Eltern aufweist. Daher überweisen wir das Kind an unseren Genetiker.«

Verwirrtes und Widersprüchliches schwirrt noch wegen der Diagnose in meinem Kopf herum, als der Genetiker uns anspricht. Janinas Verhalten, ihre motorische Entwicklung, ihre geistigen und verbalen Äußerungsmöglichkeiten sind anders als bei anderen, gesunden Kindern. Und jetzt soll auch noch Janinas Aussehen anders sein? Ist es ein Zufall, daß ich statt vom autistischen Syndrom von einem Prinzendasein spreche und der Genetiker ein Shprintzen-Syndrom assoziiert?

»Für das Shprintzen-Syndrom wird ein autosomaldominant erblicher Gendefekt zugrunde gelegt, für den in der Aszendenz von Janinas Familie kein Anhaltspunkt gefunden wurde, so daß wir unter der Diagnose eines Shprintzen-Syndroms nicht von einem erhöhten Wiederholungsrisiko ausgehen müßten. Auch prognostisch wäre diese Diagnose günstig, da die Entwicklungsfähigkeiten von Betroffenen häufig bis in den Normalbereich hinein reichen.

In dieses Schema wird unser Kind nun hineingepreßt. Mein Kind hat ab sofort ein langes, schiefes, dreieckiges Gesicht, höre ich. In einem englischen Fachbuch gibt es eine Abbildung. Janinas Vater ist motiviert, interessiert und ruft aus, das Gesicht auf dem Photo ähnele dem unseres Kindes. Ich hatte mich daran gewöhnt, in Janinas Gesicht ihren Vater zu erkennen. Und jetzt: Janinas Kindergesicht wird beschaut und beschrieben: Augenränder, große Augen mit auffälliger Form und Lidern, eine breite, dominante Nase, und was ist mit den Lippen?

Craniofacies:
schmaler Schädel; trigonozephale Kopfform; hohe, schmale Stirn mit hypoplastischen Stirnhökkern und Vertiefungen oberhalb der Supraorbital-

bögen; lateral vorgezogener Stirnhaaransatz; hoch gewölbter Scheitel; lateral prominente Parietalhöcker; eingesunkene Schläfen; dreieckige Gesichtsform; leichte Gesichtsasymmetrie (rechte Gesichtshälfte hypoplastisch gegenüber der linken); faziale Teleangiektasien; flaches Gesichtsprofil; längliche Gesichtsform; etwas hohes Mittelgesicht.

Fragen werden gestellt, Fußabdruck, Handabdruck von der Tochter und den Eltern abgenommen, Janinas Körper von oben bis unten durchgecheckt.

Janina ist das erste und einzige Kind ihrer getrennt lebenden Eltern. Die Familien beider Eltern waren Verfolgte des Nazi-Regimes; viele Verwandte wurden umgebracht. Eine Blutsverwandtschaft der Eltern ist nicht bekannt.

Fragen zur Familienanamnese werden gestellt. Und immer wieder saust mir das Dreiecksgesicht im Kopf herum. Ich erinnere mich, daß ich, als Janina drei Jahre alt war, vergeblich etwas von mir in ihrem Gesicht entdecken wollte. Jetzt entsteht bei der Untersuchung eine starke Abwehr in mir. Die Fachfragen werden weiter gestellt: »War es eine Frühgeburt?« – »Nein, eine Spätgeburt.« – »Aber Sie haben doch gesagt, Sie hätten nur neun Kilo zugenommen!« – »Ja, und? Ein israelischer Arzt sagte mir, daß man den Schwangeren rät, lediglich neun Kilo zuzunehmen.« – »Ach, was! Israelinnen sind halt eine andere Art von Menschenschlag.« – »Wie bitte, meinten Sie gerade Rasse?« – »Nun ja, es gibt da halt gewisse Unterschiede.«
Mir ist schwindelig.
Rasse – Fotos – Abdruck – Abmessen – Minderwuchs – kleiner Kopf – minderwertig – abartig – lebensunwert?

Testergebnis:
Das mit den Eltern nach Abschluß der Untersuchung kurz erörterte SHPRINTZEN-Syndrom ließ sich durch die exakte Befundanalyse nicht weiter erhärten. Janina hat folgende Merkmale aus diesem Symptomenspektrum:

Minderwuchs; Mikrozephalie; langes Mittelgesicht; breite Nase; prominente Nasenwurzel; Hypotonie und mentale Retardierung.

Wir bedauern, den Eltern in Ermangelung einer sicheren Syndromzuordnung ihre Fragen nicht beantworten zu können. Die Entwicklung des Kindes bleibt abzuwarten. Insbesondere wäre wichtig zu erfahren, ob nach eventuell positiver Beeinflussung von Janinas Verhaltensproblemen, die sekundär durch die belastete Familiensituation entstanden oder verstärkt sein können, ihre mentalen Fähigkeiten gegebenenfalls besser einzuschätzen sind, als dies augenblicklich möglich ist.

Die Nacht darauf für Mutter und Kind

Das Kind schreit in der Nacht nach dieser Begutachtung zum erstenmal in der Nacht auf und schläft unruhig.

Den Vater fragte der Arzt, wie er sich nach so viel Beratung fühle. »Ich steige ins Flugzeug und versuche mich sofort mit meinen unerledigten Terminen zu beschäftigen.«

Ich habe Alpträume:

Janinas Hebamme ruft mir zu: »Eine umfassende Blutuntersuchung, ein exakter Haut- und Bluttest aller in der ersten Septemberwoche geborenen Babys zeigt, daß sie irrtümlich vertauscht wurden. Sie können sich Ihr richtiges Kind um 14 Uhr abholen, denn Ihnen steht ein Umtauschrecht laut Paragraph ... zu.«

Wir erhalten die Adresse eines Heimes in Schwaben.

Das Mädchen sieht genauso aus wie ich, allerdings dunkelhaarig. Es ist Halbwaise, die Mutter ist arbeitslos.

Wer wird ein salomonisches Urteil fällen?

Janina ist mein Kind, meine Tränen, meine Sorgen. Was weißt du andere davon? Das andere Kind wird uns zur Pflege übergeben. Soll ich um Schadenersatz für das Leid klagen? Wie hieß das Fachwort doch gleich? Ach, ja: »Wiedergutmachung.«

Désirée, unser Pflegekind, wird mir mehr und mehr vertraut. Die Kinder mögen sich.

Nennt man das Integration, oder ist Désirée Janinas gesundes Ich? Janina jedenfalls gehört zu mir, ich werde sie nicht verlassen.

1989 – In London erhalten Gartenbesitzer wegen der extremen Sommerhitze das Verbot, ihren Rasen zu sprengen. Als Ausgleich könnte ich ihnen meine Tränen per Expreß senden.

Autistische Züge oder wann wächst das Chaos?

Janina holt mich pünktlich um 3.30 Uhr aus dem Schlaf. Ich versuche, ruhig und ausgestreckt liegenzubleiben, um sie so erneut zum Einschlafen zu bringen. Es funktioniert. Neben Janina liegend, verstärkt sich mein Wachzustand – ab und an decke ich sie wieder zu. Im abgedunkelten Zimmer verwandelt sich die Alltagshektik in Nachsinnen. Als ich an den gestrigen Nachmittag denke, spüre ich meinen angespannten Rücken:

Wir sind im Kaufhaus, fahren Rolltreppe. Ich möchte Janina neue Sandaletten kaufen. Sie läßt sich bereitwillig verschiedene Paare anprobieren, bis wir ein Paar mittelblaue mit Muschelmuster nehmen.

Janina fährt manchmal gerne Bus, so steigen wir ein. Erträgliches Gedränge entsteht, kein Rush-hour-Geschubse. Die Sitzplätze sind belegt. Menschen stehen um uns herum, aber nicht dicht gedrängt. Ich halte Janinas Hand. Mit der anderen tatscht sie die sie umgebenden Hosenbeine an. Sie erntet ein erstauntes Auflachen oder ein abwehrendes Heruntergucken. Ich sehe auf ihr Gesicht und lese an ihrem Augenausdruck, wie es mit ihr steht.

Sie kann von einer Sekunde zur anderen fröhlich oder traurig dreinschauen. Janina lacht, als wir ein wenig zur Seite wanken, weil der Bus gerade forsch in eine Kurve biegt. Bei der nächsten Haltestelle steigen einige Personen aus, andere ein. Plötzlich fühle ich, wie Angst in den sich verkrampfenden Fingern hochwandert. Sie umklammert meine Hand mit festem Griff und versucht, ihre Fingernägel in meine Haut zu bohren. Sie beginnt zu weinen, schreit.

Ich spüre wenig tolerante Blicke in meinem Rücken, Augen begucken und begleiten uns. Ich lasse die Ein-

kaufstüten fallen und hebe die sich halb wehrende Janina hoch. Mein Gesichtsausdruck scheint nach einem Sitzplatz zu verlangen, ein Gutmütiger begreift.
Ich spreche leise zu Janina, sie drückt ihren Kopf an mich. Ich streichle ihr durch die Haare, und mit einem Mal löst sich durch die Zuwendung die Anspannung. Fröhlich aufgeregt wippt sie mit dem Oberkörper und äußert ein paar Laute, zufrieden auf meinem Schoß sitzend.
Eine Schwangere uns gegenüber beobachtet uns, aber ihr Anstarren macht mich nicht verlegen. Die Frau legt schützend die Hand auf ihren Bauch. Als ob sie einen uralten Aberglauben fürchtete, blickt sie während der weiteren Fahrt nach unten.
Ein älterer Mann nickt uns freundlich zu. Wir stehen auf, zwängen uns vorwärts, drängeln durch den Wagen vor zum Ausgang.
An der Haltestelle befindet sich ein Briefkasten. Janina steckt den Brief in den Schlitz und strahlt nach meinem Lob. Wir laufen den Weg entlang. Meine Tochter ist mal neben mir, geht vor, bleibt stehen, trödelt, rennt bis zur Bordsteinkante und schaut mich schelmisch-frech an. »Nicht auf die Straße«, drückt mein erhobener Zeigefinger aus. Janinas Zeigefinger wackelt hin und her, und wir marschieren weiter.
Zu Hause angekommen, flattert Janina fröhlich durch das Zimmer, legt sich auf das weiche Lammfell der flachen Therapieschaukel, setzt sich auf die kleine Schaukel, wartet, daß ich sie anstoße, fährt ein bis zwei Pedalumdrehungen auf ihrem Kinderfahrrad. Sie zieht ihre Jeans aus und erfolgreich wieder an. Janina holt mich, zeigt auf ihr Gartenhäuschen, das erhöht auf Balken steht. Ich öffne ihr die Terrassentür. Sie klettert die Holzleiter hoch, setzt sich – die Beine nach vorne – und rutscht die Rutsche herunter. Sie hat ein Gefühl für den Schutz ihres Körpers bekommen.
Sie greift nach dem Buddeleimer; statt sich hinzuhok-

ken, setzt sie sich wie üblich mit angewinkelten Beinen nach hinten auf ihren Po.
Die Zeitung liegt auf dem Korbstuhl: »Cighid – Das rumänische Kinder-Vernichtungslager im Jagdschloß«. Dort dämmern untererernährt, verwahrlost und mißachtet mehr als hundert geistig und körperlich behinderte Kinder dahin. Ein nachgeahmter, verlängerter deutscher Alptraum?! Mißtrauen gegen staatliche Institutionen wird wieder wach. Wütende Hilflosigkeit steigt in mir auf.
Ich erinnere mich, vor Monaten eine Sendung gesehen zu haben mit dem Titel »Recht auf Liebe«. Betroffene Eltern, Journalisten und Experten diskutierten Pro und Contra der Sterilisation geistig Behinderter. Die Mutter eines Mädchens mit Down-Syndrom sprach sich dagegen aus. Ihre Tochter sei verständig, sie könne ihr vertrauen. Ein Vater plädierte dafür, worauf eine fachkompetente Journalistin ihn in ihrem Plädoyer contra Sterilisation an die Zwangssterilisationen im Dritten Reich erinnerte. Der Vater erklärte ihr und den Zuschauern, daß sein Sohn autistisch sei. Sein Kind sei aufgrund der Störung nicht beziehungsfähig, er selbst hätte keine Nerven mehr für ein Enkelkind, weil jegliche vorhandene Energie sein Sohn absorbiere. Er sei für ein Mitentscheidungsrecht der Eltern beim Problem Sterilisation.
Ein Professor betonte, geistig Behinderte könnten normalsinnige Kinder zeugen. Die schon erwähnte Journalistin meinte daraufhin, die Gesellschaft (wer ist das?) müsse zur Betreuung, zur Mitverantwortung und Solidarität herangezogen werden. Der Professor sah die Problematik in der Tatsache, daß eine große Zahl geistig behinderter Mädchen und Frauen vergewaltigt werden. Dies würde bei Sterilisation zunehmen, da so für die Täter das Risiko eines Schuldnachweises durch eine Schwangerschaft nicht mehr bestünde. Er sei gegen staatlich verordnete Zwangssterilisation.

Die Sendung hieß »Recht auf Liebe«, aber gesprochen wurde nur über Sexualität. Ab wann macht Beschützen unfrei?
Meine Gedanken werden unterbrochen durch Janina. Sie ist nun vollends wach, freut sich, mich zu sehen, schmiegt sich lachend an. Der Wecker summt, es ist 7.30 Uhr. Etwas später klingelt das Telefon. Die Stimme fragt, ob ein Besuch gegen 9 Uhr möglich ist. Meine Gesichtshaut ist noch bläßlich, unter den Augen habe ich Ränder.
Der Besucher wird mit seiner Fröhlichkeit Abwechslung in unser Leben bringen, das noch viel Umsicht erfordern wird, damit Lethargie uns nicht benebelt oder Chaos nicht wie Unkraut wächst.

Meine kleine Liebste

Es gab Momente, in denen ich nach einem Weg suchte, um Janinas Innenwelt besser verstehen zu können. Sie sprach nicht unsere »Erdensprache«, sondern auf ihre eigene Weise – mit ihren Augen, mit Bewegungen ... Je enger ich mit ihr zusammen war, desto besser lernte ich, mich in sie einzufühlen; kleinste Signale wahrzunehmen.

Janina spielte gerade mit den fünf Tasten des Kassettenrekorders, den sie zu ihrem siebenten Geburtstag von ihrem Opa geschenkt bekommen hatte. Sie war emsig damit beschäftigt, eine Taste nach der anderen niederzudrücken. Auf einmal setzte sich das Band in Bewegung: »Es tanzt ein Bi-ba-butze-mann in unserm Haus herum, fidibum ...«, ertönte es. »Er rüttelt sich und schüttelt sich ...«

Das kleine Kindergesicht verzog sich zu einem breiten Lächeln, und gleichzeitig nahm es den für Janina bei Freude typischen Ausdruck von Verlegenheit an. Sie kletterte auf den niedrigen Couchtisch, trampelte mit den Füßen, hampelte hin und her und drehte sich im Kreis herum.

Alles an ihr zeigte, daß sie sich an Frau Zacharias erinnerte. Auch mir trat sofort der Tanz vor Augen, den sie oft gemeinsam beim ausgelassenen Spielen einübten. Ich fühlte mich diesmal in Janinas Leben mit eingeschlossen. Frau Zacharias, die seit Janinas viertem Lebensjahr mir als Kinderfrau sehr hilfreich zur Seite stand, ging stets frei und unbelastet auf mein Kind zu. Die warme herzliche Verbindung zwischen ihr und Janina fand ihren lebhaften Audruck in dem Lied, das sie oft als Aufmunterung sang und vorführte. Wie eine Gänsemutter watschelte sie vor Janina hin und her und trällerte »Wulle, wulle Gänschen – gi ga gack –

wackelt mit dem Schwänzchen – gi ga gack – Wollt ihr wissen, wer ich bin? – Ich bin die Frau Königin – Ihr seid meine Kinder ...«. Am Ende umarmte sie Janina überschwenglich.

Frau Zacharias strahlte eine Herzlichkeit aus, die mich an meine Tante Chana aus dem Kibbuz erinnerte. Tante Chana schenkte mir und meinem Kind die Wärme, die ich mir so sehr gewünscht hatte. Auch sie verstand intuitiv, wie sehr Janina mit Liedern, Melodien und Bewegungen anzusprechen war. Jedesmal, wenn sie das hebräische Lied anstimmte: »Auf der Wiese – vor dem Kindergarten – blühen Margeriten – Ein kleines Mädchen steht davor und pflückt sich ein paar Blümchen – Janina – süßes kleines Mädchen – Janina – meine kleine Liebste!« –, stieg in mir die Sehnsucht hoch nach meiner Mutter, die für uns dasein und uns umsorgen sollte.

Verlorene Liebesmüh?

Im Stern Nr. 24/1990 war folgendes zu lesen:
In Velgast und Eberswalde in der DDR wurden geistig und körperlich behinderte Kinder als Vollidioten betrachtet, von Ärzten mit Psychopharmaka vollgepumpt, in ehemalige Hundezwinger gesperrt, mit Pferderiemen gefesselt... Für die Abgeschobenen – ohne Rechte, Hilfe, Schutz – galt keine staatliche Schulpflicht, somit entfiel der Anspruch auf Frühförderung. Nur kirchliche Stellen haben Einrichtungen geschaffen, in denen mehrfachbehinderte Kinder nicht körperlich, geistig, seelisch verwahrlosten.
Manchmal kreisen meine Gedanken zu sehr um die Vergangenheit. Dann erlebe ich meine Tochter so, als ob an ihr ein Etikett haftete: behindert und jüdisch. Als Tochter von Deutschen verfolgter Eltern fühle ich mich besonders belastet. Gerade da ich in Deutschland lebe, als zweite Generation nach dem Mord am jüdischen Volk, quälten mich mein Argwohn, meine Angst vor ähnlicher Wiederholung. Ich bin offenbar doppelt wachsam. Ich war sehr aufgewühlt, als ich den »Stern«-Bericht gelesen hatte. Ich habe mich mit Janinas Einschulung schwergetan, zögerte sie ein Jahr hinaus, weil in meinem Kopf noch die damalige Beteiligung von Sonderpädagogen spukte.

Verlorene Liebesmüh?

An meiner Wiege
lag im Dunkeln
lächelnd das Mißtrauen

Sticht noch der Stachel
ins deutsche Antlitz?

Braune Missetaten gingen
– trotz Mauerabschottung –
nicht zur Neige

Brauner Staub
wirbelte als Erbe
in der Sackgasse auf

Der rote Besen
kehrte ihn nicht
zur Genüge aus

Alte Angst
knarrt auf den Stiegen
beschwört Argwohn herauf

Damals

Kindermord
Störende
Entbehrliche
von Natur aus –
Unverwertbare
aufgegeben
von Heilkundigen

Kindermisere
Zwangssterilisierte
Aussortierte
Vergiftete
Vergaste
von der schöngeistigen
deutschen Seele

Hadamar
probte für
Auschwitz
den Gnadentod

Die Menschenverachtung
jener Tage
befruchtet immer noch
die Gleichgültigkeit

Alte Angst
knarrt auf den Stiegen
beschwört Argwohn herauf

Heute

in der umzäunten Insel
leben Kinder
die nicht Schritt halten
anders sind
mitkönnen mit Müh und Not –
als Dummköpfe benannt
in bunt bemalten Käfigbettchen
von Netzen umschlossen

Verlorene Liebesmüh
für Abc-Untaugliche

Kinder mit Handikap
Abgeschobene
ohne Spielzeug
mit Arznei bezähmt
wunde Hände
angebunden

Verlassene Kleine
ohne Anrecht

Beistand
Schutzenglein

Kein Weinen und kein Lachen
im umnetzten Kinderparadies
Wird so leiser gestorben?

Aus Mohnblumensamen
an der Schutzmauer gesät
bitterwenig gepflegt
klettern aus dem Boden
nichtblühende Herzen

Weggerückte mohnrote Herzen
umfaßt eure Kinder!
Laßt sie nicht im Stich!

Argwohn und Trostlosigkeit – ein Zwillingspaar

Ein Geburtstagstreffen, am fremden Garderobenhaken hänge ich meinen Kummer auf; ein verregnetes Cape, darübergelegt, hüllt ihn ein. Obstvollkorntörtchen locken mich an. Ich sinke in einen pastellrosa bezogenen Ohrensessel und durchkoste drei Stück Apfel-Mohn-Kirschkuchen. Mein Mund krümelt, ich greife gerade nach einer Papierserviette mit Flickwerkmuster, da setzt sich eine Frau mit einem »Dieses Gesicht kenne ich doch!?«-Ausdruck neben mich auf den alten, noch stabil geflochtenen Thonetstuhl aus Birkenholz. Unsere Augen schauen sich beim Kopfnicken an. Bei heraufdämmernden »Ach, woher denn nur?!« denke ich laut: »Haben wir uns nicht schon mal irgendwo getroffen?«
Mein Blick fällt auf den mahagonibraunen Garderobenständer, das zerknautschte Cape ist ein wenig zur Seite gerückt, hat dadurch meinen Kummer freigelegt. Ich höre die Frauenstimme freundlich sagen: »Vor circa drei Jahren habe ich Sie und Ihren Mann wegen Ihrer Tochter beraten. Sie erzählten mir von Ihren Sorgen, ich nannte Ihnen unterschiedliche sonderschulpädagogische Möglichkeiten. Ich erinnere mich genau, Sie sind Frau ..., Ihr Mann ist ein großer dunkelhaariger ..., Sie kamen auf Empfehlung von ...« Pause. »..., war nicht ganz so alltäglich. Und wie geht es nun der Kleinen?«
»Glücklicherweise ist unterdessen der Irrweg beendet, in zwei Wochen wird sie im Therapeutikum eingeschult. Die Klassenlehrerin war schon zu Besuch bei uns. Sie wird Janina die nächsten acht Jahre betreuen.«
Mittlerweile sind noch andere Sitzgelegenheiten – Couch, Korbsessel, Klappstühle, Teppichboden – be-

legt. Ich bin von der Crème de la Crème der Behindertenförderung umgeben, den Spezialisten in Sachen Integration von Behinderten in Kindergarten und Schule. Meine Zunge nimmt einen Anlauf, fragt wißbegierig nach, ob sie etwas über die Lebensumstände der geistig oder mehrfach behinderten Kinder in der DDR erfahren haben. Das, was ich höre, verstärkt meine Fassungslosigkeit.
Der Staat, der sich für die soziale Absicherung seiner Gemeinschaft einsetzte, vergaß, einige seiner Kinder in Obhut zu nehmen. Schon Dreijährige, die die Prognose traf, Abc-untauglich zu sein, wurden aus dem üblichen Schulkarrieresystem entfernt; als nicht förderungswürdig angesehen, wurden sie zum Gesundheitsproblem erklärt. So begann der Leidensweg des Dahindämmerns in einigen öffentlichen Einrichtungen, psychiatrischen Anstalten und Heimen. Aufgrund von Personalmangel und zuwenig geschulten Kräften erhalten die Kinder keine Therapien, spezielle Förderung oder Programme. Kulturtechniken zu erlernen wird ihnen verwehrt.
Ein Besucher aus Berlin-Ost erzählt, daß das UNO-Jahr 1981, das »Internationale Jahr der Behinderten«, der Anlaß war, erleichternde Veränderungen zuzulassen. So weiß er von einem zumindest für Körperbehinderte gebauten modernen Reha-Zentrum.

1981 war ich gerade Kerngruppenleiterin an einer Gesamtschule. Mit meinen Siebtklässlern besuchte ich eine Sonderschulklasse zu einem gemeinsamen Turnunterricht. Die Unterrichtsplanung war ein Teamprodukt, wir überlegten, wie wir die Schüler zum gemeinsamen Tun »sensibilisieren« könnten. Fragen wurden erarbeitet, Probleme erörtert, einzelne Unterrichtsphasen und -schritte besprochen. Damals verlief der von Musik untermalte Turnstundenbesuch ohne Schwierigkeiten. Die Schwellenangst vor dem Anderssein geistig und mehrfach behinderter Kinder löste sich auf. Zuletzt schlossen alle einen Kreis und bewegten sich rhythmisch Hand in Hand nach den Musikklängen. Ein Ereignis, das geplant, durchgeführt, nachbesprochen, ins Kerngruppenbuch eingetragen und abgeheftet wurde.

Im Herbst 1990 steht Janina und mir ein Umzug bevor, ein Ergebnis der familiären Trennungszwietracht. Beim Aufräumen, Wegräumen, Aussortieren, Wegwerfen, Einpacken fällt mir ein Schulordner von 1981 in die Hände. Ich blättere, überfliege, durchstöbere, lese und entdecke meine an die Schüler gerichteten Fragen zum Thema Leben mit behinderten Menschen. Eine Anmerkung ist an den Rand gekritzelt, ein Hinweis auf einen Roman über einen geistig behinderten Jungen und seine Schwierigkeiten im Heim, in der Schule, wie er dennoch Freunde findet usw. Und unübersehbar schlummert im vollgestopften Zeitungsständer der große UNO-Kalender für 1981, das proklamierte Jahr der Behinderten – vom Senator für Arbeit und Soziales herausgegeben. Damals stimmte mich eines der Kalenderblätter besonders nachdenklich: »Der Schrei«, 1975 von Gisela Breitling gemalt. Klagende, klammernde, lange, feingliedrige Hände umfassen die Schläfen des schmerzenden Frauenkopfes, der nach hinten geworfen – umhüllt von einem roten Tuch – auf der rechten Schulter ruht.
August 1990, ich schaue auf einen in Pastell eingerahmten Kopf mit aufgestützter Hand – ein Bild, 1979 von Gisela Breitling gemalt. Fassungsloses Erstaunen drückt sich in dem aufrecht in die Welt blickenden Frauenkopf aus. Die linke Gesichtshälfte ist durch die aufgestützte Hand verdeckt, sie ist umhüllt von einem erdfarbenen, in Falten gelegten Turban. Während ich das Bild betrachte, schießen mir Fragen durch den Kopf. Argwohn und Trostlosigkeit paaren sich.

Engel im Jahr 1990

Frau L., Heilpädagogin und Klassenlehrerin der 1. Klasse, probte mit unermüdlicher Geduld und mit Hilfe einer Praktikantin wochenlang die Aufführung des Krippenspiels.

Was das in mir für einen Zwiespalt auslöste! »Ein jüdisches Kind in einem Krippenspiel?« entrüstete ich mich spontan im Selbstgespräch. »Ach, was!« erwiderte meine Vernunft. »Die heilpädagogische Förderung und das Gruppenerlebnis, das dein Kind dort erhält, wiegen alles auf.« Außerdem waren Maria einmal »Miriam« und Jesus »Jossele« gewesen, schmunzelte meine Humorseite. Aber dennoch, was für ein Glück, daß Frau L. meiner Tochter die überkonfessionelle Rolle des Engels übergab. Mein von mir allabendlich so genanntes Engele, Zuckerle, Süßerle wird also einen Engel spielen.

»Die Erdenreise des kleinen Engels« ist ein schönes Bilderbuch, aus dem die Kinder Farben und Formen lernen. Frau L. liest ihnen oft daraus vor. Außerdem übt sie mit den Kindern »leise sein«. Frau L. erzählt folgende Anekdote darüber: »Jeden Morgen in unseren ›Stilleminuten‹ rufe ich den Engel herein. Dabei schließe ich die Augen; so auch an diesem Tag. Alle Kinder waren still, lauschend. Und in die Stille hinein klingt plötzlich unerwartet ein ganz feines Stimmchen. Ein Stimmchen von einem Kind, das ich bis dahin noch nie sprechen gehört hatte, von dem die Mutter auf einem Stück Papier die wenigen gezählten Wörter aufschrieb, die dieses Kind in seinem kleinen Leben höchstens einmal gesprochen hatte. In die Stille hinein klingt nun wieder, ganz fein und zart, ein einziges Wort. Ich hatte die andere Welt gerufen, die kleine Stimme sprach es aus: ›Engel.‹ Dann schloß sich der Mund wieder – aber nun wußte ich, wie es ist, wenn Janina Deborah spricht.«

Am 18. Dezember 1990 sitzen einige der Mütter und Väter der 1. Klasse wartend im Klassenzimmer und bestaunen die gemütliche, harmonische Atmosphäre. Es ergreift uns eine angenehm ruhige Wärme. Leise Spannung flackert auf. Erdfarbene, hölzerne Schulmöbel mit abgerundeten Ecken, lavendelblaue Gardinen, die schimmernden Lichtinseln der Duftkerzen von Tisch zu Tisch und weißgelbe Astern verwandeln den Raum in ein heimeliges Nest. Weiter hinten an der Wand Buntgemaltes der Kinder – Regenbogenfarben nach der »Erdenreise des kleinen Engels« entstanden. In der Türmitte ein Klassenfoto der sieben Schulkinder, umrahmt von einer Kasperlefensteröffnung aus Stoff. Vor uns der »Theaterplatz«, ein kuscheliges Zelt. Die Falten des Stoffes erinnern an ein Himmelbett. Innen befinden sich eine kleine Holzbank und eine Wiege. Glockenspiele, Flöten, Handglocken, ein Puppenkochtopf liegen griffbereit. Jetzt erscheint Frau L., begrüßt uns, bittet uns, die sieben Schulkinder mit Zurückhaltung zu empfangen. Die Aufführung liegt ihr am Herzen. Besonders Janinas Eltern mögen sich nach hinten setzen, damit Janinas Konzentration unbeeinträchtigt bleibe. So setze ich mich nach hinten, als ob ich gar nicht da sei. Frau L. erzählt weiter, daß gerade Janina, als ein nicht sprechendes Kind, bei den Proben immer mitten drin war, einmal über ihre »Flügelarme« strich und »ei« sagte.

Wir warten auf Alon, der kommen wollte. Schweigen. Sekunden wie Stunden. Fragendes Schulterzucken. Nach zehn Minuten beginnt die Vorstellung. Der kostümierte Klassenzug kommt Hand in Hand herein, geführt von Frau L., das Ende bildet die Praktikantin. André, der auf mich eher lern- als geistigbehindert wirkt, spielt den Josef und sagt seine Verse bewundernswert gut auf. Die kleine Marguerita, ein Kind

mit Down-Syndrom, spielt liebevoll zurückhaltend die Maria. Zwei ebenfalls nichtsprechende Mädchen verfolgen seitlich stehend als Jünger das Geschehen. Undine, deren linke Hand von der Praktikantin zum stärkenden Schutz gehalten wird, ist mit der anderen Hand in einen Fingerwedeltanz versunken. Die große Sophia ist ein wenig aufgekratzt, die Worte purzeln durcheinander. Der kleine Anton erblickt voller Freude seine Mama, was ihn ein wenig ablenkt, so daß nur noch ab und zu über seine Lippen Liedtöne wehen. Janina sitzt auf ihrem Engelstuhl, direkt vor dem Publikum, rührt in ihrem Puppentopf das Essen für das Jesuskind an. Sie ist in ein glitzerndes, spinnwebzartes weißes Gewand gehüllt, das Frau L. ihr zurechtschneiderte. Ein goldenes Stirnband hält ihr kinnlanges, dichtes, volles Blondhaar zusammen.
Mittendrin öffnet sich die Tür, und herein kommt Alon. Erschreckte Augen von Frau L. fürchten um die Früchte ihrer Arbeit. Was wird Janina tun? Ich schmunzele gelassen, meinem Kind vertrauend. Margueritas Mutter bittet Alon flüsternd, er möge sich nach hinten begeben. Ich verrenke mir den Hals, um seitlich, noch versteckt, am Vordermann vorbeizugucken. Mein Engelkind sitzt weiter auf seinem Stuhl, schickt einen schnellen Blick zu seinem geliebten Papa nach hinten in die letzte Reihe. Die blauen Augen strahlen dabei auf. Ein tiefes Aufatmen von Frau L. ist hörbar, Janina hat ihre Solidarität bekundet. Das Spiel geht weiter, jetzt schwebt Janina – begleitet von Frau L. – mit ausgebreiteten Engelsflügeln vorne umher, reicht der Marguerita-Maria das Essen für die Jesus-Puppe hin. 35 Minuten lang sind die Kinder hochkonzentriert, dann ist das Krippenspiel zu Ende. Freude. Auf Janinas Gesicht ruht spitzbübische Zufriedenheit. Der Klassenzug verabschiedet sich, wird für den Alltag umgezogen.
Dann sitzen alle an den Tischen, Eltern und Kinder bunt gemischt. Nur eine verschmäht all das Marzipan,

den Kuchen und Tee! Um Janinas schrillem Schreien und ihren trampelnden Fußtritten zu entgehen, beschließen wir, nach Hause zu gehen. Auf Alon wartet der nächste Geschäftstermin. Janina und ich gehen durch den knirschenden Schnee zum Auto und entdecken am Wagenfenster Eisblumen. Ich hauche sie geräuschvoll an, sie tauen auf. Zu Hause angekommen, schenke ich Janina eine dunkelblaue Blechdose, in der Mitte thront ein Engelskopf. Wir legen Janinas Haarspangen und -schleifen hinein.

Janina »erzählt« eine Geschichte

Mascha, Janinas Beschäftigungstherapeutin, ruft an, und wir beratschlagen uns. Sie empfiehlt, Janinas Konzentration weniger auf die Einübung von Puzzlespielen zu richten, als sie lieber eigene Ideen ausprobieren zu lassen. Mittags, nach der Schule, bereite ich das Essen vor. Janina seitzt derweil auf dem neuen, größeren Kinderstuhl. Sie ist nun schon acht. Ihre Füße ruhen auf dem dazugehörigen Tritt.
Ich wende mich ihr zu: »Ich habe ein Geschenk für dich!« Janina guckt neugierig in die Tüte und sieht das Verpackte, zupft und zerrt am Papier, öffnet es ein wenig, will wissen, was darin ist, und reißt das Geschenkpapier auf. Endlich stehen drei verschlossene Plastikbecher vor ihr. Drei knallige Popfarben: Rot, Orange, Grün füllen die Töpfe aus und strahlen Janina erwartungsvoll an. Sie versucht die Dekkel zu heben, und es gelingt ihr. Heraus quillt eine bunte Masse – weich und wabbelig. Genüßlich zieht sie den quabbeligen, glitschigen Glibberstoff in die Länge, rollt das Zeug hin und her, schmeckt es, manscht es mit den Fingern. Die drei Farben mischen sich ineinander. Offenbar bemüht, den »Pudding« in die Töpfe zurückzubringen, muß sie mitansehen, wie das Zeug wegflutscht und -rutscht. Und wie sie das ärgert! Ich helfe ihr beim Einfüllen, aber gleich nimmt sie es wieder heraus. Sie wirft voller Freude die »Slimy«-Geleemasse in die Luft; klatschig landet das ganze auf dem Tisch. Janina ist in ihr Spiel vertieft. Den kleinen roten Gummiseeigel, den sie vor sich hat, taucht sie in die Wabbelmasse, versenkt ihn, holt ihn wieder hervor und betrachtet ihn von allen Seiten. Auch ihn steckt sie in den Mund. Wie das klebt!

Mein Kind schaut voller Spaß auf sein Werk, betastet die Form und lächelt dabei. Janina ruft: »So, öh, i... kann, je, ja, jo goije, geigo, kajo, ha, mh, so.« Zum Abschluß verstaut sie alles in einer großen Dose und schließt sie mit einem Deckel ab.

Nachmittags begleite ich mein Kind zu Mascha. Meine Tochter läuft zur Haustür, geht die Treppen hoch, bleibt erwartungsvoll vor der Wohnungstür stehen und drückt auf den Klingelknopf. Während Janina sich auszieht, erzählt Mascha, daß sie heute gerne mit ihr mit Creme arbeiten wolle; Janinas Körper ganz dick eincremen, abrubbeln! Ich lasse meinen Nackedei zurück. Die Frühlingssonne scheint, ich setze mich auf eine Parkbank und lese.

Nach einer Stunde komme ich, um Janina abzuholen. Janina schaut verschmitzt drein, und Mascha erzählt, daß Janina die Stunde ganz allein bestimmen wollte. Aus dem Eincreme-Spaß wurde nichts, da Janina eigenwillig auf die Farbtöpfe, Wassergläser und Pinsel gezeigt habe. Sie wollte malen. »Eigenartig«, meint Mascha. »Sie griff auch nur nach drei Farben. Es sollten nur diese drei bestimmten sein. Und sie hat vier Bilder gemalt.«

Neugierig geworden bitte ich Janina, mir ihre Bilder zu zeigen. Janina führt mich in den Raum. Ich betrachte stolz ihr Werk. Beim ersten Bild mischte sie etwas Orange und Blau, daraus entstand Grasgrün; das zweite war ein satter, großer, runder, roter Farbklecks; auf dem dritten Bogen scheint sich eine orangefarbene Schlange zu winden; das vierte Blatt hatte sie über und über grasgrün betupft.

Wir schauen uns in die Augen. Aus ihrem Blick spricht: »Ich habe Mascha eine Geschichte erzählt.« Ich verstehe Janinas farbige Sprache auf Anhieb. Ich erkläre sie Mascha, erzähle vom »Slimy«-Spiel. Die grellen Popfarben hat Janina in warme, harmonische Farbtöne umgewandelt. Mascha ist begeistert über den Phantasieausdruck und Janinas Möglichkeit, sich

mitzuteilen. In unserer Freude sind wir uns alle drei einig.
Beim Nachhausegehen kraule ich Janinas Haare. Wir halten uns die Hände. Ich bin glücklich. Diese Bilder sind für mich ein kleiner Schatz.

Die Ballerina, die endlich mit dem Harlekin tanzen konnte

Es war einmal ein Spielzeugkramladen. Dort stapelten sich Musikinstrumente, Puppenmöbel, Kindergeschirr und viele alte Puppen. Ein Harlekin, der neben einem Zauberer und einem Kaspar saß, drückte sich die Nase an der Scheibe platt. Eine japanische Porzellanpuppe, eine Märchenfee und eine russische Puppe in Bauerntracht – Babuschka genannt – saßen auf einer kleinen blaßblauen Bank. Eine Marionette aus Holz, ein Gaukler und ein Teddybär lagen regungslos im Regal; ein Clown und eine Ballerina mit Handikap hatten ihren Platz in einer Vitrine.

Nach Ladenschluß, alle Kinder und Erwachsenen waren schon nach Hause gegangen, wurde es munter in dem Kramladen. Die japanische Porzellanpuppe lud die anderen Puppen zu einem Tanztee ein. Alle nahmen Platz, nur die Ballerina konnte aus ihrer Glasglocke nicht heraussteigen. Der Inhaber des Kramladens hatte ihr einen Glassturz übergestülpt, denn sie war zwar eine wunderschöne Ballettänzerin in einem weißen Tüllkleid, aber sie hatte nur einen zierlichen Fuß. Der rechte Fuß trug einen weißen Ballettschuh, der linke Fuß jedoch war dem ersten Puppenvater in viele Stücke zerbrochen, die nicht mehr zusammenzusetzen waren. Das Ballettmädchen, das dennoch liebenswert und kostbar war, sollte durch das Glas geschont werden. So war die Ballerina, die einer zarten Elfe glich, unter Verschluß und atmete darunter wenig Lebensduft.

Konnte sie unter dem Glassturz überhaupt hören und sehen? Oft drehte sie ihren Kopf weg und verschloß ihre Blicke, um sich scheinbar wie eine Maschine abzustellen.

Da sie auch diesmal nicht mit in der Runde sitzen

konnte, wurde die Ballerina ganz traurig. Sieben Tränen kullerten auf den Glasboden und blieben als Tropfen liegen. Die Märchenfee bemerkte das Unglück. Sogleich bat sie die Tanzgesellschaft, sich zu erheben und die alten Instrumente in die Hand zu nehmen. Der Gaukler griff nach der Balalaika und der Teddybär nach der Tuba. Der Zauberer sprach zum Ballettmädchen: Warte nur und habe Geduld! Öffne deine Stacheln und laß die Wunden fließen. Ich will sie vorsichtig betupfen und pudern. Dann rufen wir die Tanzgesellschaft herbei. Sie wird für dich singen, daß es dich froh stimmt. Es mag dich in Trance versetzen. Der Harlekin wird dich berühren, bis du genesen bist.

Dann hob der Zauberer die Glasglocke hoch und reichte der Ballettänzerin den Arm, auf den sie sich stützen konnte. Der Harlekin, der eine heimliche Liebe für das Ballettmädchen hegte, nahm sie in seine Arme und trug sie beim Tanzen, daß sie zu schweben schien. Der Gaukler bewegte geschickt die Marionette aus Holz an ihren Drähten, und sie tanzte so leicht, daß ihre Füße den Boden kaum berührten. Die Puppenschar sang indessen: »Tumbala, Tumbala, Tumbalalaika, Tumbala, Tumbala fröhlich soll sein...« Alle strahlten und hatten viel Freude. Der Kaspar, die Babuschka und der Clown mit Maske beschlossen, sofort am nächsten Morgen bei Ladenöffnung den Inhaber anzusprechen. Er solle die Ballerina für immer aus dem Glassturz befreien und ihr unbedingt einen neuen Fuß basteln. Von jetzt an wollten sie das Ballettmädchen nah bei sich haben und gegenseitig aufeinander aufpassen. Um Mitternacht rief die Ballettänzerin der Tanzgesellschaft voller Vergnügen zu: Ich kann leben, endlich fühle ich mich selbst. Sie beschloß, den nächsten Lebensschritten mutig entgegenzusehen. So begann sich das Puppenroulette weiterzudrehen. Aber es ist doch nur ein Märchen! Oder?

Meinem Kind eine Träne

Ich dacht ich hätt dich verlassen
und lag begraben wie tot
dort erst weint ich laut
daß mein Herz sich füllte
mit Brennen so rot wie Schmerz

Noch wachen meine Augen
daß keiner dich zerbricht
bang ist mir vor dem Sterben

Wen wirst du umklammern
wenn du zitterst nach Schutz und Trost
kannst doch allein nicht leben
an allen Jahrestagen
wer wird dich hegen und pflegen
von Kopf bis Fuß
mein Goldele mein Leben

Einmal wird auch dein Herzlein sterben
wer wird dein Grab bedecken
mit einem Tuch – hierauf ein Stein
und eine Träne legen
wie einen Sternentropfen
aus sechs blauweißen Zacken

Meinem Vater gewidmet
8. Juni 1991

Ein Brief von Hanne, Janinas Musiktherapeutin

08.03.1990

Liebe Frau Zupnik,
Ich möchte Ihnen Ihr Manuskript nicht zurückgeben, ohne eine Rückmeldung meinerseits. Ich denke, daß Ihre Offenheit dies gewissermaßen fordert. Ich möchte dies tun, natürlich als Therapeutin Ihrer Tochter, aber auch als Frau und Mutter eines »gesunden« Kindes, d. h. als »außenstehende« Person, die Janina gerade erst kennengelernt hat und versucht, sie und ihre Geschichte zu verstehen.
Ich habe Ihr Manuskript sozusagen in einem Atemzug durchgelesen. Es hat mich sehr bewegt. Abwechselnd spürte ich Herzklopfen, Trauer, kämpfte mit den Tränen und freute mich über die sehr innig beschriebenen nahen und vertrauten Situationen zwischen Ihnen und Janina. Besonders erfrischend empfand ich Ihre spontane Assoziation zu Prof. Reuven Feuerstein.
Mir kamen während des Lesens immer wieder Assoziationen von »Schutz«, etwas »schützen wollen« in den Sinn. Schützenwollen Ihrer Zeilen, Ihrer Person, Ihrer offenliegenden Gefühle, aber auch Schützenwollen Ihrer innigen und vertrauten Beziehung zu Janina. Mich beeindruckt und erstaunt die Nähe dieser Beziehung, die zwischen den Zeilen deutlich wird. Diese Beziehung, die sehr, sehr früh durch Diagnosen, Prognosen und Ratschläge usw. zerstört wurde bzw. sich nur erschwert entwickeln konnte.
Ich halte Ihre Entscheidung für sehr wichtig, sich diesen »Ratschlägen« nicht mehr in der Form auszusetzen, sondern sich und Ihrem Gefühl für Janina zu trauen, Ihrem Gefühl, das alle Nuancen von Liebe, Akzeptanz, aber auch Trauer und den Wunsch nach »Gesundsein« in sich trägt.

Ich halte diese Beziehung neben allen therapeutischen Beziehungen und anderen Kontakten, die Janina hat, für äußerst bedroht und sehr schutzbedürftig. Sie haben Janina in sich getragen und geboren, Sie leben mit ihr, Sie sind ihre Mutter und werden es immer bleiben, und keine Therapeutin der Welt, sei ihre Methode auch noch so ausgeklügelt, wird je Ihre Stelle einnehmen können.
Vielleicht noch ein bißchen zu den letzten Stunden mit Janina: Ich habe den Eindruck, daß sie sich sehr freut, zu kommen. Sie läuft nach dem Ankommen sofort in den Therapieraum, faßt die Gitarre und bedeutet mir, zu spielen. Ich singe dann jeweils das Begrüßungslied »Hallo, Janina«, das sie wiedererkennt. Danach gestaltet Janina die zur Verfügung stehende Therapiezeit sehr unterschiedlich. Mal trommelt sie an der Pauke, dann blickt sie aus dem Fenster, läuft zur Tür, kehrt wieder zur Gitarre zurück, kommt sehr nah und lächelt, geht ans Klavier, huscht mit den Fingern über die Tasten, um wieder an die Gitarre und zu mir zurückzukommen. In jeder Stunde gibt es mittlerweile eine kürzere oder längere Phase, in der Janina manchmal leise, manchmal etwas lauter und deutlich wahrnehmbar lautiert.
In der heutigen Stunde war diese Phase etwas differenzierter. Es entspann sich ein Dialog: »Tja, tja, eeh«, sagte Janina, was ich aufnahm und durch rhythmisches Trommeln begleitet wiedergab, worauf Janina wiederum antwortete: »Tja, tja, eeh.« Dieses kleine Spiel ging lange Zeit hin und her. Janina wurde nicht müde zu antworten, wartete geradezu auf eine neue Botschaft von der Pauke. Während dessen spielte sie mit einem Schlüssel an der Tür herum, d. h., sie versuchte ihn ins Schloß zu stecken, ging aber nicht hinaus. Vielleicht imitierte sie dabei auch eine bestimmte Situation. Sie schließen eine Tür auf oder zu. Dies dauerte insgesamt sicher etwa zehn Minuten, und ihre Antwort »tja, tja, eeh« war sehr differenziert

und ernsthaft. Danach reagierte sie etwas unwillig, daß die Stunde nun zu Ende sei, warf mir aber beim Abschied ihren typischen »verschmitzten« Blick zu.
Ich freue mich jedesmal, wenn Janina kommt, und arbeite gern mit ihr. Ich glaube, es ist außerordentlich wichtig, Janina sehr viel Zeit, Geduld und Offenheit entgegenzubringen. Das Tempo ihrer Entwicklung bestimmt sie selbst, wollte man nicht aus ihr eine Marionette machen, die auf bestimmte Kommandos Dinge tut oder möglicherweise Worte spricht. Im lebenspraktischen Bereich und in anderen kognitiven Bereichen ist dieses »Training« durchaus sinnvoll und wichtig, aber wenn es um Janinas Kontaktverhalten, um ihre Beziehungsaufnahme, um nonverbale und verbale Kommunikation geht, wäre dies meiner Meinung nach nicht der richtige Weg.
Daß Janina durchaus in der Lage ist, sinnvoll zu kommunizieren, beweist ihr »ei, je, je«, welches sie mit Bestimmtheit vorbringt, und das, soweit ich es beurteilen kann, heißt: »Ich will das« oder »ich will das nicht« oder »mach mal!« oder »hör auf damit!«.
Auch ich unterliege bestimmten ambivalenten Gefühlen, Janinas Entwicklung betreffend. Das Hoffen auf sprachliche Äußerung, Unsicherheit darüber, ob eine Reaktion ihrerseits zufällig war oder ob ich es auf ein Verhalten von mir beziehen kann. Manchmal ertappe ich mich dabei, wie ich in Gefahr gerate, ungeduldig zu werden, oder verspüre den Wunsch, ihr etwas beibringen zu wollen, etwas zum Vorzeigen. Vielleicht sind das kleine Stückchen von einem großen Kuchen ambivalenter Gefühle, die Sie als Elternteil in sich tragen.
Zu behaupten, daß ich mich in Sie hineinversetzen kann, wäre vermessen. Ich erlebe Janina einen Bruchteil der Zeit, die Sie mit ihr verbringen, kann einen Teil der Freude und der Last erahnen oder erspüren, niemals jedoch in dem ganzen Ausmaß erfassen. Trotzdem hoffe und glaube ich, Janina Entwicklungs-

anstöße geben zu können, zunächst vielleicht mehr ein Begleiten und Stützen auf ihrer Suche nach ihrem individuellen Ausdruck ihrer Persönlichkeit.
In diesem Sinne verbleibe ich heute mit freundlichen Grüßen

Hanne

Erica
Brühlmann-Jecklin
Irren ist ärztlich
Analyse einer
Krankengeschichte
Fischer

Karin Dexel
Wolken
über dem Tag
Leben mit einer
endogenen Depression
Fischer

Hartmut Gagelmann
Annas Tod
Briefe an das Leben
Lebenskrisen · Lebenschancen
Fischer

Lebenskrisen · Lebenschancen

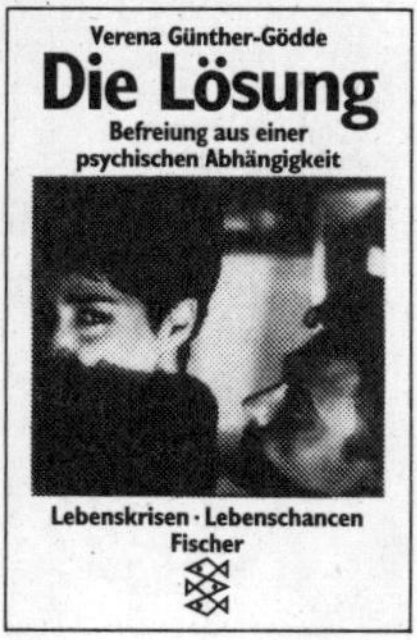

Verena Günther-Gödde
Die Lösung
Befreiung aus einer psychischen Abhängigkeit
Band 10881

Monika Hahn-Lepper
Nicht zum Leben geboren
Trauerarbeit nach dem Verlust meiner Kinder
Band 10257

Torey L. Hayden
Kevin
Der Junge, der nicht sprechen wollte
Band 3253

Ilse van Heyst
Das Schlimmste war die Angst
Geschichte einer Krebserkrankung und ihrer Heilung
Band 3902

Christine Hofmann
Stunden, die zählen
Ein Kind findet ein Zuhause
Band 3296

Anne Karedig
Zieh dich schon mal aus, ich hol' inzwischen den Stock
Versuch einer Aufarbeitung
Band 10382

Monika Knorr
Bauchschmerzen
Von der Auflehnung meines Körpers
Band 10377

Ruth van Leeuwen
Rückkehr zur Offenheit
Eine Frau lernt ihr Leben wieder lieben
Band 3271

Christiane Lenker
Krebs kann auch eine Chance sein
Zwischenbilanz oder Antwort an Fritz Zorn
Band 3288

Marlene Lohner
Plötzlich allein
Frauen nach dem Tod des Partners
Band 3290

Fischer Taschenbuch Verlag

fi 26/13 b